KB021054

나를 이기는 힘, 극복

나를 이기는 힘, 극복

초판 1쇄 발행 ㅣ 2018년 1월 2일

지은이 ㅣ 방제천
펴낸이 ㅣ 공상숙
펴낸곳 ㅣ 마음세상

주소 ㅣ 경기도 파주시 한빛로 70 507-204

신고번호 ㅣ 제406-2011-000024호
신고일자 ㅣ 2011년 3월 7일

ISBN ㅣ 979-11-5636-192-3 (03190)

원고 투고 ㅣ maumsesang@nate.com

ⓒ 방제천, 2018

* 값 13,000원

* 마음세상은 삶의 감동을 이끌어내는 진솔한 책을 발간하고 있습니다. 참신한 원고가 준비되셨다면 망설이지 마시고 연락주세요.

이 도서의 국립중앙도서관 출판예정도서목록(CIP)은 서지정보유통지원시스템 홈페이지(http://seoji.nl.go.kr)와 국가자료공동목록시스템(http://www.nl.go.kr/kolisnet)에서 이용하실 수 있습니다. (CIP제어번호 : CIP2017033479)

나를 이기는 힘, 극복

방제천 지음

마음세상

들어가는 글

모든 이가 그렇듯이 각자마다 상처를 안고 살아간다.

나에게도 부모님에게조차 말하지 못했던 상처가 있었다. 그 상처는 콤플렉스로부터 시작되었다. 콤플렉스는 당당했던 내 모든 걸 뒤집어 놓았다. 말 그대로 콤플렉스였기 때문에 다른 사람에게 그것에 관한 이야기를 쉽게 할 수 없었다. 다른 사람에게 말하는 순간 그 시간마저 트라우마로 남게 될 것 같았다. 언제나 혼자만의 고민이었고 외로운 싸움이었다.

그 상처에 대해 거의 10년간 부모님께조차 숨기고 감춰왔던 이야기를 글로 써서 세상에 내놓자니 부끄러운 마음이 앞선다.

간단하게 내 콤플렉스를 설명하자면 세 마디로 할 수 있다. '외모 콤플렉스,' '대인 기피증', '약한 신체'. 사춘기에 접어들면서 겪었던 일들이다. 또래들보다 조금 뒤처졌던 것뿐이지만 그걸 확대해서 받아들였다. 쉽게 해결할 수 있었던 일도 스스로가 어렵게 만들어 버렸다.

이 세 가지 모두 신체에서 시작해서 정신적인 문제로까지 이어졌다. 정신적 문제라고 해서 가정환경은 괜찮냐는 질문도 받았었다. 우리 집을 설명하자면 평범 그 자체였다. 가족 간의 큰 말썽 없이 화목했다. 경제적인 문제도 크게 없었다. 부모님이 나에게 무관심한 것도 아니었다. 언제나 관심과 사랑을 주셨다. 다만 외부적인 문제로 생긴 콤플렉스였고 난 그 콤플렉스를 부모님께 알리지 않았다. 부모님을 원망할까 봐 얘기를 안 한 것도 있었지만 혼자 힘으로 극복하고 싶은 마음이 컸다.

누군가에겐 나의 아픔이 별 거 아닌 일일 수도 있다. 생판 모르는 남의 아픔이라 그런 것일지도 모르지만 자신의 아픔이 더 크게 느껴지기에 그렇게 생각할 수도 있다. 진정으로 나보다 훨씬 힘든 사람들도 만나 봤기에 내 상처가 크게 보이지 않았던 적도 있다. 하지만 그때 당시의 나는 심각했다. 콤플렉스를 안고 살아간다는 것 자체가 곤욕이었다. 앞으로 나아가고 싶을 때마다 걸림돌이 되었다.

콤플렉스를 힘들게 극복하지 않고 피하면서 살려고도 했었다. 내 아픔을 일부러 건드려서 더 상처만 커지는 건 아닌가 걱정도 했다. 그 생각을 가질 때쯤 일이 터졌다. 콤플렉스를 피할 수 없는 일에 직면했다. 피하지 못한 그 상황은 상처를 더 깊게 했고 트라우마만 남게 되었다. 결국, 피할 수 없는 상황은 언젠가 다시 만날 것 같았다. 또다시 트라우마가 남는다면 다시는 극복할 수 없을 것 같은 느낌을 받았다. 이 생각이 드니 답은 금방 나왔다. 극복하는 것밖에 없다. 극복하지 못한다면 결국, 패배감에 물들인 삶을 살 것이란 생각이 들었다. 눈 딱 감고 저질러 보기로 했다.

당연히 극복의 과정은 순탄치 않았다. 넘어질 때도 있었고 상처가 번질 때도 있었다. 포기하고 싶진 않았다. 콤플렉스는 인생의 패배자로 만들고 있다고 확신했기 때문이다.

　나는 특별한 사람이 아니다. 누군가의 친구이고, 아들이며, 형, 오빠, 동생인 그저 평범한 사람이다. 내가 겪은 일 역시 사춘기 때에 누구라도 겪을 수 있는 그러한 일들이다. 누구나 겪을 수 있지만 누구도 이에 대한 경험담을 들려주는 사람은 없었다. 그저 전문가들이 알고 있는 사회적으로 듣기 좋은 말만 해줄 뿐이었다. 전혀 공감되지 않는 말에 좌절감만 빠졌었다. 전문가가 아니기에 내가 한 방법이 무식하다고 하는 사람이 있을 수 있다. 이 방법들은 실제로 성공한 것들이다. 전문가가 아니기에 조금 투박하고 무식할 수도 있는 방법. 내 경험담을 지금 들려주겠다.

제1장
작아지는 내 모습

지금의 나의 모습만 아는 사람들에게 내 어릴 적 이야기를 해주면 대부분 상상도 못 했다고 한다. 나의 어린 시절은 남들이 보기엔 평범해 보일지 모르겠지만 나에겐 고난의 연속이었다. 몸이 약하기도 했고, 주변 환경의 변화에 적응하지 못해 성격도 몇 번 바뀌기도 했다. 환청인지 아닌지 모를 소리에 시달리기도 했다. 친구들에게 괴롭힘도 당했다. 이렇듯 별로 떠올리고 싶지 않은 기억들도 많이 있다. 지금도 난 그 아픔을 이겨내기 위해 노력을 하고 있다. 뭔가를 극복하기 위해선 그 뭔가를 정확하게 알아야 한다. 그래서 난 쌓여왔던, 나를 옥죄고 있던 아픔들과 당당하게 대면하려고 한다.

너무 약했던
유년 시절의 나

난 조금 약하게 태어났다고 한다. 그 당시의 내 몸무게는 2.6kg이었다. 산부인과에선 2.5kg 이하의 아기들을 미숙아라고 한다. 나는 그 기준을 조금 넘겨서 세상에 나왔다. 2.6kg이었지만 몸이 워낙 약해서 인큐베이터에 들어갈 뻔했다고도 들었다. 그렇게 난 평균보다 약하게 시작했다. 그래서일까. 태어났을 당시에 난 장의 형성이 잘 안 됐다고 했다. 조금이라도 뭘 먹으면 계속 토하기 일쑤였다. 원래도 몸이 좋지 않는데 음식도 소화를 못 하니 영양 부족을 겪는 악순환이 계속되었다. 내가 태어난 지 14개월이 되던 어느 날 원래는 할머니 집에 가기로 하고 어머니께서 준비하고 있었다고 한다. 근데 그날따라 내가 계속 울었었다고 했다. 평소에도 계속 울어서 대수롭지 않게 넘어가려고 했지만, 어머니는 혹시 내가 '똥을 못 싸서 우는 건가?' 하고 관장을 해봤다고 한다. 관장을 했는데 변의 모양이 너무 이상해서 어머니께선 그걸 들고 소아청소년

과를 찾아가셨다. 의사 선생님께선 장이 꼬인 것 같다고 했다. 어머니께서 몹시 놀랐다. 선생님께선 어머니를 안심시키며 요즘은 아기라도 장이 꼬인 건 수술 없이도 풀 수 있을 거라고 하시며 큰 병원을 가라고 소견서를 써주셨다.

그 길로 어머니께서는 혼자 나를 큰 병원의 응급실을 데려갔다. 그때 당시 상황이 나는 계속 아파서 우는데 의사 선생님은 오지 않아서 미쳐버릴 것 같았다고 하셨다. 의사 선생님께서 와서 내 꼬인 장을 풀기 위해 뭔가를 하는데 내 몸이 발작을 일으키듯 튕겨서 어머니께선 계속 무서웠다고 하셨다. 그렇게 시술을 몇 번 진행하였다. 내 장이 너무 심하게 꼬여서 도저히 시술로는 풀 수가 없어서 결국 그날 수술을 했다. 내 인생 첫 번째 수술이었다. 내가 수술을 하는 사이 할머니께선 내가 오기로 했는데 오지 않아서 걱정되어 우리 집으로 전화를 하셨다. 마침 집에 사람이 아무도 없어서 그 전화를 받지 못했다. 그때 당시엔 휴대폰이 없어서 집 전화 말고는 연락할 방법이 없었다. 할머니께서도 연락이 안 되니까 걱정이 많이 되셨다고 한다. 다행히 고모께서 내 상황을 알고 있어서 할머니께 알려드렸다. 그 소식을 듣자마자 시골에 계시던 할머니, 할아버지께서 병원으로 찾아오셨다. 이렇게 조그마한 애한테 수술할 데가 어디 있냐며 우시면서 오셨다고 한다. 어머니께선 수술 직후까지도 무서웠지만 도와줄 사람이 없어서 혼자 꿋꿋하게 참고 있었다고 했다. 그런 어머니도 할머니, 할아버지의 눈물을 보시곤 곧바로 울음을 터뜨리셨다고 했다. 그게 내가 두 번째 생일을 맞이하기 전에 나의 모습이다.

조금 약하게 태어났던 모습은 자라면서도 크게 바뀌진 않았다. 같은 또래와 함께 비교했을 때 난 항상 작았고 말랐었다고 한다. 장이 좋지 않아서 입이 짧았던 탓에 영양은 늘 부족했다. 부모님께 들은 바로는 아기 때부터 난 너무 자주 아팠다고 한다. 다른 친척 어른들께도 내 아기 때 이야기를 들으면 대부분 아팠었던 이야기밖에 듣지 못했다.

아버지께서 회사에 가시고 없는 날엔 어머니께선 내가 계속 토하고 잠을 못 자니 나를 업고 집 앞을 걸으셨다고 했다. 밤늦게 주택단지를 걸어 다니니 그림자가 옆집에서도 보여서 도둑이 든 줄 알고 오해를 사기도 하셨다. 내가 아플 때면 항상 날 안고 병원에 뛰어가기 바빴다고 한다. 그런 일이 많아지다 보니 어느 날 어머니께서 날 데리고 병원에 가시는데 이웃 아주머니께서 어머니에게 이렇게 말씀하셨다고 한다.

"또 병원에 가요?"

가족이 아닌 주변 이웃 분들이 알 정도로 난 자주 아팠었다.

솔직히 초등학교 입학 이전의 기억은 거의 없긴 하지만 조금씩 남아 있는 기억의 조각들은 다치거나 아파서 병원에 갔던 것밖에 없다. 대부분의 아이가 어릴 땐 다리에 힘이 없어서 자주 넘어지고 다치곤 한다. 하지만 내 경우는 정도가 조금 지나쳤던 것 같다. 한 번은 친구들과 어린이집 옥상에서 놀다가 넘어졌다. 그때 얼굴을 먼저 박으면서 눈꺼풀이 찢어졌었다. 정말 어릴 때의 기억이지만 아직도 생생하게 기억난다. 아직도 거울을 볼 때마다 내 눈꺼풀에 있는 흉터를 보면 그때 상처를 꿰맬 때의 아픈 기억이 나곤 한다. 다른 친구들과 같이 놀 때면 난 항상 다쳤던 것 같다. 똑같은 걸 하면서 놀아도 몸이 약했던 탓에 모든 게 나에겐 위험으로 다가왔다. 집 앞 계단에서 자주 발목이 삐었었다. 너무 자주여서 지금도 왼쪽 발목이 휘어져 있다. 친구들과 달리기를 하다가 넘어져서 얼굴을 아스팔트에 갈았던 일도 있었다. 길 가다 쇠에 찔려서 꿰맸던 일 등등 어릴 적 기억나는 몇 안 되는 것들은 대부분이 다쳤던 일이다. 너무 많이 다치는 날 보고 부모님께선 '다쳤다 하면 제천이'라고도 하셨다.

몸이 약했던 게 부모님께서 날 잘 못 키워서 그런 건 아니었다. 부모님께선 내가 음식을 먹었다 하면 토해서 몸이 약하다고 생각하셨다. 그래서 돌이 지나고 나서부턴 거르지 않고 몸에 좋다는 한약은 다 먹이셨다. 녹용, 홍삼은 기본이고 이름도 잘 모르는 갖가지 약을 먹었었다. 훗날에서야 부모님께서 말씀해주셔서 알게 되었던 사실도 있다. 할머니 집에 가면 몸보신을 해줘야 한다면서 뱀도 잡아서 고아 먹었던 거로 기억한다. 지금 먹으라면 못 먹겠지만 어릴 땐 그게 뱀인지 뭔지 모르고 먹었다. 그 외에도 할머니 집만 갔다 하면 할아버지께서 직접 손수 잡은 보양식들을 먹었다고 들었다. 이처럼 부모님께선 할 수 있는 최선을 다하셨지만 내 약했던 몸은 그런 노력을 무시한 채 변화가 없었다.

그때의 난 내가 몸이 약한지 잘 몰랐다. 그냥 다른 친구들도 어릴 때니까 비슷하겠지라고 생각만 했을 뿐이었다. 장이 덜 형성돼서 태어났다는 것도 최근 들어서야 알게 되었다. 그냥 난 남들보다 조금 말랐을 뿐이라고만 생각하고 있었다. 다들 그 정도는 아팠을 거라고만 생각했다. 그러다 보니 부모님의 힘들었음을 조금도 알지 못했다. 어렸던 점도 있었지만 커가면서도 그 감사함을 모르고 살았다. 그저 당연하다는 듯이 알고 자랐다.

군대를 갔다 오고 나서 한 번씩 부모님과 나의 어릴 적에 관해서 이야기를 나눴다. 이야기의 시작은 항상 칭찬이었다. 아기 때는 너무 예뻐서 항상 꼭 안고 있었던 일, 말도 또박또박 잘했던 일 등등으로 시작했다. 하지만 실제로 나의 어린 시절은 대부분 아팠던 일밖에 없어서 곧 내가 아팠던 이야기로 대화를 하게 된다. 20년 가까이 지났지만, 부모님께선 아직도 그날, 그날의 일들을 선명하게 기억하셨다. 그리고 어머니께선 나를 임신하고 나서 입덧을 너무 오래 하셨다고 한다. 나를 낳기 직전까지 계속 입덧을 하셨다. 그 때문에 내가 약하게 태어난 건 아닐까라고 한 번씩 자책하는 모습도 봤다. 내가 아기 때 아파서 얼마나 놀랐고 무서우셨을까. 아팠던 이야기를 할 때마다 부모님의 눈시울을 조금씩 붉어지셨다.

부모님과 오래 알고 지냈던 친구 분들이나 친척 어른들께선 나한테 이런 말씀을 하셨다. 부모님께 잘하라고. 아기 때의 내가 너무 아파서 부모님께서 고생을 많이 하셨다고 말씀하신다. 그리고 부모님께 이런 말도 하셨다고 한다. 내가 외동아들이니까 다행이었다고. 그만큼 날 키우는 데 힘이 드셨다는 소리다. 툭 하면 다치고 툭 하면 아프게 하니 고생이셨다고 한다. 이처럼 나는 남들보다는, 평균보다는 조금 약하게 시작되었다. 7살 이전에도 이미 많이 아팠었고 보양식과 한약, 그리고 꾸준히 병원에 다녔기에 내 몸은 점차 좋아질 거라고 부모님께서도 생각하셨다고 한다. 하지만 내 아픔은 7살까지가 끝이 아니었다.

초등학생 몸무게 18kg

내가 살아오면서 가장 몸이 약했던 시절을 말하라고 하면 난 당연히 초등학생 때라고 말한다. 입학 이전에도 몸이 약했다. 부모님께선 갖가지 몸보신 음식과 한약 등을 아끼지 않고 나에게 투자하셨다. 하지만 그 정성을 비웃기라도 하듯 몸은 변화가 없었다. 나는 93년 1월생이다. 원래 당시 상황으로는 학교를 빨리 입학하여 92년생들과 같이 학교에 다녔어야 맞다. 몸이 너무 약하다고 판단을 하셨던 부모님께선 유치원을 1년 더 보내기로 하셨다. 부모님의 생각은 1년 동안 조금 더 살을 찌우고 건강하게 해서 학교를 보내려고 내린 결론이다. 당시에는 그게 제일 나은 선택이었다. 그 전까지 꾸준히 먹었던 것들도 효과가 없었던 것처럼 그 1년 동안의 효과는 거의 없었다. 이제 더는 입학을 미룰 수가 없었다. 몸무게 18kg일 때 입학하게 되었다. 처음 학교에 갔을 때 자리를 정하는데 기억으론 내가 우리 반에서 2번째로 작았던 것 같다. 자리 배치를 할 때마다 항상 제일 앞자리였다. 초등학교에 입학했음에도 내 몸은 변화가 없었다.

그 당시에 몸이 약하고 병도 자주 걸렸지만 정말 다행이라고 생각되는 것 한 가지가 있다. 그건 바로 성격이었다. 어릴 때 성격은 정말 좋았다. 활발하고 나서는 것 좋아하고 말도 잘했다. 초등학교 1학년 때부터 5학년 때까지 학예회를 하면 항상 처음 대표 인사나 사회는 나의 몫이었다. 글짓기나 토론대회도 나가서 상도 많이 탔다. 나서는 것도 좋아하다 보니 학급 임원을 한 번도 놓친 적이 없었다. 그런 성격 덕분에 친구도 많았고, 그 친구들이 좋았다. 그 때문에 왕따를 당하는 일은 없었다. 선천적으로 몸이 약하고 힘은 없었기에 거치게 되는 관문은 있었다.

요즘 뉴스를 보면 초등학생들 왕따, 괴롭힘, 괴물을 키웠다 등등의 기사가 많이 보인다. 갑자기 최근의 이슈로 떠오른 기사들이다. 그 기사를 보면서 내가 든 생각은 하나였다. '왜 지금 와서야 이게 이슈가 되지?'였다. 난 어릴 때부터 그런 걸 몇 번 봐왔다. 뉴스에 나올 정도는 아니어도 나도 겪었다. 지금 생각하면 그 어린 게 뭘 알고 그랬을까. 괴롭힌다는 의미는 알았겠느냐는 생각도 든다. 이건 지금에서야 든 생각이고 당시에 난 괴로웠다. 그때 당시에 느꼈던 걸 그대로 쓰겠다. 유치원 때는 같은 반 안에 많아 봐야 20명이 안 되었다. 또한 항상 유치원 선생님이 있다. 그러다 보니 다툼은 있어도 왕따나 괴롭힘은 없었다. 소외된 것 같은 아이들이 같이 놀 수 있게 교사가 도와주기도 한다. 항상 같이 있으니 눈앞에서 다툼이 보이면 화해할 수 있게 도움을 준다. 유치원 때는 그런 사람이 항상 곁에 있었다.

그런데 학교는 달랐다. 수업 시간을 제외하곤 오롯이 학생들만의 시간이었다. 한 반에 약 40명 정도의 인원이 있었다. 그 인원 전체가 다 같이 노는 건 아니다. 어리긴 해도 각자의 취향에 맞게 성향에 맞게 그룹이 형성된다. 그와중에 어느 그룹에도 속하지 못한 사람도 나오게 된다. 그 인원은 자연스럽게 왕따가 되는 것이다. 내가 왕따였단 소리는 아니다. 그런 친구들이 시간이 지나면서 눈에 들어왔기 때문에 적은 이야기다. 이렇게 그룹이 형성도 되기도 하지만 다른 일도 생긴다. 쉬는 시간이나 점심시간, 등교 시간, 하교 시간 등등 어른들의 통제가 없는 시간에 대한 개념이 조금씩 생긴다. 자연스럽게 자신의 힘을 과시하고 싶어지는 아이도 생기기 시작했다. 그런 아이들의 가장 좋은 표적은 역시 자기보다 힘이 약한 아이들이다. 나처럼 몸이 약했던 아이들은 그 대상이 되기에 딱 이었다. 그래도 초등학교 저학년 때는 집단으로 누군가를 괴롭히는 일은 없었다. 그냥 개인이 개인에게 행하는 게 끝이었다. 분명 이렇게 말하면 괴롭힌 친구는 그땐 장난이었다고 말할 거다. 친구끼리 장난도 못 치냐면서 오히려 화를 낼 수도 있다. 그건 하는 입장이고 당하는 처지에서는 장난이 아니었다.

초등학교 1학년 때 그냥 복도를 지나가다가 부딪혔다는 이유로 매 쉬는 시간마다 나를 찾아와서 괴롭혔던 친구가 있다. 나와 알던 사이도 아니다. 초등학교 6년 내내 같은 반을 한 적도 없다. 그냥 딱 한 번 부딪혔다는 이유로 나를 찾아왔다. 심지어 나와 그 친구의 반은 끝에서 끝 반이었다. 그런데도 한동안 꾸준히 찾아왔다. 와서 심하게 때리거나 욕을 한 건 아닌데 그냥 툭툭 치거나 나를 놀리거나 하면서 힘들게 했다. 더 싫은 건 거기다 대고 내가 하지 말라고 해도 씨알도 안 먹힌다는 것이었다. 그 친구의 덩치는 나보다 훨씬 좋았고 힘도 나보다 좋았다. 그 친구가 내게서 무서울 건 없었다. 한 며칠 계속 찾아오다가 자기도 귀찮았는지 한동안은 우리 교실에 오지를 않았다. 그때 돼서야 내 눈에 보이는 것들이 있었다. 나처럼 몸이 약한 친구들이 알게 모르게 괴롭힘을 당하는 모습이었다. 집이 가난하다는 이유로 혹은 한부모 가정이라는 이유로 놀림을 받는 친구들도 봤다. 그 친구들을 도와주고 싶었지만 내 몸 하나도 못

지키는 상황이었다. 이처럼 내 몸이 약하고 자주 아픈 걸 이겨내는 것도 힘든데 한 번씩 시비를 걸어주는 사람도 있으니 그건 그거대로 스트레스였다.

다른 문제도 있었다. 몸이 약해서 학교를 빨리 들어갈 수 있었음에도 정상적으로 들어간 것에 대한 후폭풍이 있었다. 같이 유치원을 다녔던 친구들은 바로 학교에 입학한 것에 비해 1년 늦게 입학하다 보니 친구관계가 꼬인 것이다. 그것 때문에 어릴 때 친했던 친구들이 등을 돌린 예도 있었다. 그 정도면 다행이었는데 아닌 일도 있었다. 어느 날 내 동갑 친구 2명과 등교를 하고 있는데 누가 갑자기 뒤에서 날 강하게 때렸다. 너무 아프고 당황스럽고 억울한 마음이 들었다. 그 감정을 가진 채 뒤를 돌아봤는데 같이 유치원을 다녔던 친구였다. 그땐 이미 나보다 학년이 높아서 나와 같이 있던 친구들 입장에선 형이었다. 왜 때렸냐고 했는데 내 말은 듣지도 않고 자기 친구 두 명과 이야기를 하고 있었다. 그 이야기의 내용은 정확하게 기억은 안 나지만 요약하면 이러했다. '이 새끼 친구일 줄 알았는데 동생이었다.' 그 이유 하나로 계속 맞았다. 집에서 학교까지 가는 거리가 걸어서 5분이 조금 넘는 거리였는데 10분이 되었다. 그 10분 동안 맞으면서 학교에 갔다. 덩치 차이가 너무 많이 나서 저항도 하지 못했다. 내가 할 수 있는 일이라곤 그냥 맞는 것밖에 없었다. 정말 비참하고 서럽고 억울했다. 어린 마음에 겨우 그런 일로 맞아야 한다는 게 너무나 억울했다. 간신히 학교에 도착해서야 그 괴롭힘에서 풀려났다. 그리고 든 걱정은 하나였다. '내일도 마주치면 어쩌지?'였다. 그 생각 때문에 그 날 하루가 괴로웠다. 정말 다행인 건 학년이 다르니 학교 내에선 마주칠 일이 없었다.

그 날 이후로 등굣길이나 하굣길에서 만난 적 역시 한 번도 없었다. 다만 학원에 다니기 시작했는데 거기서 마주쳤다. 또 맞았다. 학교를 빨리 안 들어갔다는 게 이렇게 후폭풍이 거셀 줄 몰랐다. 아니 내가 몸이 약해서였을 지도 모른다. 그 두 가지 이유가 어우러져서 친구들에게 생일을 알린 적이 없었다. 또 친구를 잃거나 무시나 구타를 당하고 싶지 않아서였다. 하나의 트라우마로 남게 된 셈이다. 물론 부모님께서는 이 사실을 아직 모르신다. 이 상황을 타파하려고 노력을 안 했던 것은 아니었다. 몸이 너무 약했던 나를 위해 부모님께서는 나를 태권도 도장에 보내셨다. 8살 때 처음 간 태권도 도장은 그냥 낯설었다. 처음으로 배우게 된 운동이었고 격투기 무술이어서 신기함의 연속이었다. 솔직히 어릴 때 태권도의 의미를 알고 내 몸을 단련해야지 하면서 다닌 건 아니다. 그냥 부모님께서 보내셨고 내가 열심히 하니까 칭찬을 해주셨다. 그러다 보니 재미있어서 거의 놀러 가는 마음으로 체육관을 다녔다. 급수가 오르고 띠가 바뀌면서 자신감도 많이 붙었었다.

어느 날 태권도 선수 부 모집을 하길래 신청을 하려고 했다. 선수부는 일반 관원들과는 운동 시간과 강도가 달랐다. 그 안에도 내 친구들이 많이 있어서 거기서 더 운동을 해보고 싶었다. 그런 내 선택을 부모님께서는 받아들이지 않으셨다. 그때에도 내 몸은 많이 약했고 태권도를 하면서도 많이 다쳤었기 때문이다. 운동 강도가 더 많은 선수부에서 얼마나 더 다칠지 모르기 때문에 부모님께서는 동의하시질 않으셨다. 아직 어렸기에 부모님의 반대에 난 어떻게 할 수가 없었다. 아쉽긴 하지만 선수 부는 포기하고 시범단에 들어갔다. 시범 대회에도 나가고 교류 차원에서 일본도 가고 중국도 갔다. 태권도에서의 자신 감은 점점 커져만 갔다. 자신감은 붙었지만 내 몸의 체형 변화는 없었다. 시범단을 통해 몸이 건강해지거나 강해진 건 아니었다는 뜻이다. 심지어 나보다 덩치가 좋은 사람을 만나면 붙어있던 자신감은 어느새 사라지고 없었다. 격투기 무술이고 호신술을 배운 거지만 약하고 힘이 없는 나를 커버하기엔 한계가 너무 명확했다. 이렇게 태권도는 내 인생 첫 번째 운동이었고 좋은 추억과 아쉬운

추억을 많이 남겼다. 훗날 많은 도움이 되었지만, 당시에 신체적 한계를 극복할 수 있는 열쇠가 되어 주지는 못했다. 초등학교 때를 생각해 보면 좋았던 것과 안 좋았던 것의 차이가 상당히 명확했다. 당시에 몸이 약했던 것을 결국, 극복하진 못했다. 몸이 약하다는 것은 괴롭힘의 대상이 될 수도 있다는 것을 암시해준 시기이기도 했다. 그 암시를 눈치 채고 조금 더 운동했더라면 많은 것이 바뀌지 않았겠냐는 생각은 아직도 많이 한다. 초등학생 때의 괴롭힘이라는 것을 특유의 성격으로 넘어가긴 했지만, 그때 당시에 이겨내지 못한 게 하나 있었다. 아직도 내 인생에 꼬리표를 달고 있는 병도 초등학교 때 생겼다. 그 때문에 포기해야 했던 것들도 많았다. 태권도 선수 준비를 포기해야 했던 이유 중의 하나이기도 했다. 그 병의 심각성을 알게 된 것은 훗날 성인이 되어서였다.

지독한 뇌수막염

아직도 한 번씩 내 꼬리표처럼 달린 병의 이름은 바로 뇌수막염이다. 난 이 병의 시작이 초등학교 2학년 때였던 걸로 기억한다. 이것 또한 최근에 알게 된 사실인데 뇌수막염이 나를 괴롭게 했던 것은 훨씬 이전이라는 것이었다. 어릴 때도 한 번씩 뇌수막염이라는 진단을 받았었다고 한다. 물론 난 기억이 나지 않는다. 이유가 단지 어렸기 때문만은 아닐 수도 있다. 실제로 그 이후에 뇌수막염 진단을 받았을 때도 짧게는 3일 정도 계속 병원에 다녔었다. 진단을 받은 것은 기억이 나는데 부분적으로 기억이 잘 안 난다. 정말 아파서 기억이 안 나는 것일 수도 있다.

뇌수막염은 딱히 전조증상이 없었다. 그냥 잘 지내다가 컨디션이 조금 나빠졌었다. 그리고 별로 대수롭지 않게 여겼는데 저녁이 되어 두통이 오더니 바로 고열이 나기 시작했다. 그때부터 기억이 희미하다. 그냥 새벽에 어머니께서 내 몸을 물수건으로 계속 닦아줬던 것만 기억난다. 다음 날 학교도 가지 않고 바로 병원으로 갔다. 그때 처음으로 뇌수막염이라는 단어를 알게 되었다. 뇌수막염의 원인은 다양하다고 한다. 뇌수막염은 '뇌와 뇌 조직을 싸고 있는 막에 염증이 생기는 수막염을 합친 말'이다. 바이러스성 뇌수막염이란 바이러스에 의해서 뇌조직과 수막에 염증이 생긴 것이다. 뇌수막염에 걸리는 원인은 아주 다양하다. 나의 경우에는 장 바이러스가 원인이 되었던 것으로 기억한다.

장은 아기 때부터 나를 괴롭혔던 것 같다. 장의 형성이 완전하지 않게 태어나서 수술을 하질 않나, 음식 소화를 못 해 토하는 등 문제가 많았다. 배만 아프면 그나마 괜찮았는데 그게 머리까지 갔다고 하니 정말 환장할 노릇이었다. 뇌수막염 진단을 받은 날 결국, 학교에 못 갔다. 도저히 갈 수 있는 상황이 아니었다. 새벽에 열이 38도가 넘었었고 머리도 너무 아프고 구토도 했다. 병원에서 링거만 맞고 있었다. 난 그것만 다 맞으면 다음 날 학교에 갈 수 있을 거라 믿었다. 아파서 힘든 와중에도 빨리 다 나아서 친구들과 놀고 싶은 마음이 가득했다. 그 마음은 그날 밤 극심한 두통과 고열에 무너졌다. 조금 나아지나 했더니 다시 고열이 올라온 것이다. 계속 링거를 맞고 또 맞았다. 하지만 뇌수막염은 나아질 기미가 보이지 않았다. 난 그냥 링거에 의지해 잠을 자는 것 말고는 할수 있는 게 없었다.

며칠이 지났을까 이제 조금 괜찮아져서 학교에 갔다. 오랜만에 학교에 가는 것에 얼마나 설레었을까. 기대가 컸던 만큼 학교에서 다시 시작된 두통은 아픔보단 미움이라는 감정이 더 컸다. 결국, 조퇴를 하고 다시 병원으로 갔다. 그렇게 한 주를 거의 학교에 가지 못하고 병원 침대에서 천장만 바라보며 지냈다. 그게 내가 기억하는 첫 번째 뇌수막염이었다. 그 이후로 장염도 걸리고 감기도 걸리는 등 잔병치레는 했지만 학교를 빠지거나 조퇴를 하는 등의 일은 없었다.

그렇게 뇌수막염과의 인연은 그걸로 끝인 줄 알고 내 기억에서 서서히 잊혀졌다.

하지만 다시 뇌수막염 판정을 받은 건 얼마 지나지 않아서다. 그냥 바로 다음 해에 다시 걸렸다. 이번에도 역시 감기랑 비슷한 현상으로 나를 찾아왔다. 기관지도 별로 좋지 않았기에 감기는 매년 통과의례와 같은 것이었다. 이번에도 감기인가보다 하고 약을 먹고 일찍 잠자리에 들었는데 역시 그 날 새벽에 고열이 시작되었다. 뇌수막염은 해가 떠 있을 때 찾아온 적이 없는 것 같다. 이번에도 역시 새벽에 나를 괴롭혔다. 내가 너무 끙끙 앓으면서 자고 있었다고 한다. 그 소리를 듣고 어머니께서 깨셔서 나를 만져보니 역시 불덩이 같았다고 한다. 어머니는 이번에도 역시 물수건으로 밤새 내 몸을 닦아주셨다. 이놈의 뇌수막염은 괴롭힐 거면 나만 괴롭히지 부모님까지 귀찮게 만들어 버렸다.

그렇게 어머니께선 뜬눈으로 밤을 지새우시고 다음 날 또 병원을 찾아갔다. 역시 병명은 뇌수막염이었다. 고열에 두통에 괴로워하면서도 병의 심각성을 몰랐던 내게 가장 큰 문제는 다른 것이었다. 이번에도 계속 병원 천장만 보면서 가지 않는 시간을 보내야 하는 구나라는 것이 내게 있어 그 당시 가장 큰 문제였다. 어릴 땐 뇌수막염이라는 병이 뭔지도 잘 몰랐고 그냥 다른 친구들도 걸리는 건 줄로만 알고 있었다. 병을 찾아볼 생각도 안 했고 그 때문에 병의 심각성을 잘 몰랐다. 아픈 와중에도 지루함을 생각했던 건 너무 어릴 때부터 자주 아파서 아픈 것에 익숙한 게 아니라 그 상황이 익숙했던 것 같다. 그 날 역시 하염없이 병원 천장만 바라보다 하루가 다 갔다. 다음 날 역시 학교는 가지 못하고 병원에 있었다. 근데 이번엔 조금 괜찮았었나보다 그냥 링거를 꽂은 채로 집으로 왔다. 나만큼 내가 아픈 것에 익숙해지신 분들이 세 분 계시는데 그 중 두 분이 바로 부모님이셨다. 그런 상황에 도가 트셨던 분들이라 링거를 뽑고 지혈을 하는 등의 상황은 일도 아니셨다. 그런 부모님을 믿고 이번엔 집에서 링거를 맞았다. 당시에 난 이 정도면 다음 날 놀아도 되겠지라는 철없는 생각을 했었던 거로 기억한다. 이번에도 역시 뇌수막염은 내 발목을 붙잡았다. 다음 날 역시 병원을 가야 할 정도로 아팠다. 이번에도 링거를 꽂고 집으로 가는 데 가는 도중에 같은 반 친구들이 놀러 가는 것을 봤다. 친구들은 내가 아픈 것에 대해 위로를 해주었지만 정작 나는 아픈 것이 문제가 아니었다. 이 병 때문에 친구들과 놀지도 못하고 누워만 있어야 한다는 게 너무나도 싫었다. 정말 이 병에 대해 크게 생각을 안 하고 있다가 처음으로 싫다는 감정을 가졌었다. 그렇게 이틀을 더 병원에서 보내고 다시 정상적인 학교생활을 했다. 이미 몸이 많이 안 좋았던 탓일까? 그 이후로 잔병치레가 심해졌다. 장염도 자주 일어났고 두통은 수시로 나를 괴롭혔다. 두통약은 필수품이 되어가고 있었다.

날씨가 조금만 추워지는 때면 어김없이 감기가 나를 찾아왔다. 그런 나를 보고 부모님께서는 종류를 계속 바꿔가며 한약을 먹였다. 몸보신도 꾸준히 계속하였다. 아기 때부터 먹었던 게 드디어 효과를 드러낸 것일까. 평생 찌지 않을 것 같던 살들이 찌기 시작했다. 3학년 말쯤부터 살이 조금씩 오르기 시작했다. 체형의 변화가 조금씩 일어나기 시작한 것이다. 이제는 아프지 않겠지라는 생각이 들었다. 그리고 그 생각은 몇 개월 가지 않았다. 또다시 뇌수막염에 걸렸기 때문이었다. 이제야 체질의 변화가 일어나기 시작했는데 뇌수막염에 걸려서 먹던 약들도 끊고 다시 병원으로 갔다. 병원에서 뇌수막염이라는 소리를 듣고 나서 든 생각은 하나였다. '또? 이번에도 한 3, 4일 있으면 낫겠지'였다. 이제는 감기만큼 나에게 익숙한 병이 되어버린 것이었다. 그때 당시의 상황은 진짜 그랬었다. 고열이 나고 두통이 오면 링거를 맞고 집에서 쉬었다. 다시 고열이 나고 두통이 오는 것을 몇 번 반복하면 낫는 병으로 대수롭지 않게 생각했다.

이번 역시 학교를 조퇴도 하고 결석도 하는 등 1주일 가까이 정상적인 생활은 하지 못했다. 내가 크게 뇌수막염이라는 병을 앓았던 건 초등학교 4학년 때까지였다. 그 이후로는 며칠을 앓아야 할 만큼의 병을 앓지는 않았다.

이후로 뇌수막염이 안 걸린 건 아니었다. 최근까지도 단순히 머리가 아주 아파서 병원을 가보면 의사 선생님께선 뇌수막염 잔 바이러스 때문에 그런 거라고 하신다. 초반부에 말했던 꼬리표처럼 달고 있다는 말의 의미가 바로 이것이다. 2년 전까지만 해도 나에게 뇌수막염은 그저 1년에 한 번 꼭 앓고 지나갔던 병에 불과했다. 남들이 말하는 감기와 같은 느낌이다. 감기보단 조금 더 아픈 정도의 병으로밖에 생각을 안 하고 살았다. 그래서 뇌수막염이라는 병이 뭔지 원인이 뭔지에 대해 알아볼 생각도 하지 않았다. 그러다가 16년도에 처음으로 그 병에 검색을 해봤다. 그 병을 찾게 된 계기가 있었다. 어느 날 인터넷을 보는데 검색어 1위에 '걸스데이 혜리 뇌수막염'이라고 되어 있었다. 연예인이 사고가 나거나 해서 검색어에 오르내리는 것은 봤어도 병에 걸려서 1위에 오르는건 잘못 봤었다. 나에게 있어 그저 감기나 다름없던 그 병에 걸렸다는 것만으로 검색어 1위를 한 것을 보고 처음으로 호기심이 생겼다. 그때야 처음으로 인터넷에 뇌수막염이라고 검색을 해보았다. 뇌수막염은 10만 명당 30명이 걸리는 흔한(?) 병이라고 되어 있었다. 통계가 잘못된 건지 병에 걸리는 기준으로는 정말 저게 흔한 병인 건지 모르겠는데 흔하다고 되어 있다.

뇌수막염도 걸리는 원인에 따라 치료 기간이나 위험도 또한 달라지는 것 같다. 특히 나 같은 경우는 완전히 어릴 때부터 걸렸던 병이었다. 어린아이일수록 병의 위험도도 커진다고 한다. 어떤 원인의 뇌수막염은 어린아이가 걸렸을 시에 심한 경우 24시간에서 48시간 이내에 사망할 수도 있다. 혹은 뇌 손상이나 난청 등의 청각장애로 이어질 수도 있다고도 한다. 어른이야 건강한 사람이면 10일 만 아프면 낫는다고 한다. 어릴 때 뇌수막염에 걸렸었다 보니 검색을 하면서 조금 아찔하긴 했다.

　지금도 한 번씩 뇌수막염이라는 진단을 받곤 한다. 뇌수막염에 걸려도 목숨이 위태롭지 않긴 하지만 어른이 걸려도 아프긴 정말 아프다. 건강하긴 해도 며칠은 아파야 하는 병이다. 그 며칠은 정상적인 생활을 하기엔 무리가 있다. 원인이 따라 위험도도 다르므로 아직도 잔 바이러스 때문이라는 진단을 받을 때마다 조금 움찔한다. 뇌수막염을 많이 앓고 난 후의 내게 생긴 버릇 비슷한 게 있다. 조금만 머리가 아파도 두통약을 먹고, 조금만 감기 증상이 있어도 약을 먹거나 병원을 간다. 뇌수막염의 전조증상과 가장 흡사하기 때문에 지금 낫지 않으면 오늘 새벽에 또 아플 것 같은 느낌이 들어서이다. 그 아픔을 잘 알기에 아직 두렵긴 하다. 이 뇌수막염이라는 병은 이처럼 내 마음 깊숙이, 병원에서도 꼬리표처럼 달고 살고 있다.

살과 여드름

초등학교 저학년 때의 나는 남들보다 왜소하고 실제로 힘도 없는 모습이었다. 그것에서 벗어나기 위해 초등학교 전부터 꾸준히 몸에 좋다는 약은 찾아서 다 먹었다. 체질이 바뀔 만큼의 약도 먹었던 것 같은데 위에서 받아주지 못해서 그런지 내 모습의 변화는 없었다. 태권도도 배웠지만, 실력만 늘고 몸의 변화는 없었다. 키도 딱히 남들보다 크지 않았다. 그나마 정말 다행이라고 생각하는 건 그때 당시 나의 성격이다. 앞서 말했던 것처럼 성격 하나는 정말 좋았다. 왜소했지만, 존재감은 정말 컸었다. 시험을 치면 반에서 항상 5등 안에 들었다. 교내의 각종 글짓기, 토론, 기타 경시 대회 등에 거의 다 참가를 했고 상도 거의 다 탔었다. 괴롭힘을 받을 때마다 작지만 할 수 있다는 걸 보여주기 위해 더 노력했다. 그 성격 덕분에 친구들도 많았고 선생님께도 사랑받는 이상적인 학교생활을 보냈었다.

하지만 내가 아무리 노력해도 되지 않는 것이 있었다. 바로 체육이었다. 태권도도 총 10년을 배웠지만 운동 신경이 발달하진 않았다. 친구들을 따라서 공도 차러 다녔다. 점심시간만 되면 공을 들고 운동장으로 나가서 같이 공을 찼다. 실력이야 두말할 것 없이 안 좋았다. 그냥 친구들이 부르니까 계속하다 보면 잘 할 수 있겠지라는 마음으로 했었는데 다치기만 다치고 실력이 늘지 않았다. 체격도 작아서 시비도 많이 걸렸었다.

그러다가 초등학교 4학년 말쯤에 내 몸에 조금씩 변화가 생기기 시작했다. 살이 조금씩 붙기 시작한 것이다. 어렸을 때부터 먹은 한약과 보양식들이 서서히 효과가 나타나는 것 같았다. 그 전에는 입이 짧아서 많이 먹지를 않았는데 그때에는 먹을 게 술술 넘어갔다. 키 역시 조금씩 자라기 시작했다. 5학년이 되어서는 이제 왜소하다는 말은 나오지 않았다. 살도 키도 평균이었다. 그때 딱 멈췄어야 했다. 6학년 때까지 키는 천천히 크는데 살은 계속해서 찌기 시작했다. 비슷하게 유지되던 것이 몸무게가 더 추월해버리는 상황이 되었다. 그때까지만 해도 난 그걸 상관하지 않았다. 오랫동안 약한 왜소한 몸을 가졌었기 때문에 이 정도는 괜찮겠다고 생각했다. 실제로 몸에 살이 붙기 시작한 이후로 나에게 괜히 시비를 걸거나 괴롭히는 사람이 없어졌었다. 그 때문에 난 나의 상황을 만족해하고 있었다.

앞에서 말했던 것처럼 성격도 좋고 할 수 있겠다 싶은 일들은 다 도전할 정도로 활발했었다. 그건 완전히 어린 아이일 때부터 유지됐었다. 근데 그 성격이 완전 반대로 바뀌는 데는 1년이 체 걸리지 않았다. 그 성격을 바꾸게 된 계기가 있다. 6학년 때 신체검사를 하는 날이었다. 그때에는 이제 나보다 작은 친구들도 많이 있었기에 내 몸에 만족하고 있었다. 그리고 몸무게를 쟀을 때도 정확한 무게는 기억이 안 나지만 그냥 웃고 넘어갔다. 몸무게를 재고 자리로 돌아가는데 친구가 나한테 몇 kg인지 물어봤다. 난 대수롭지 않게 그 친구한 테 말했다. 그게 문제였다. 그 친구의 옆자리에는 어린 나이였지만 6학년 때 내가 좋아하던 같은 반 친구가 있었다. 그 친구가 내 몸무게를 듣고 너무 놀라는 표정을 지었다. 그 표정은 티브이나 영화에서 보던 놀람과 환멸에 가까운 표정이었다. 그 친구의 표정을 보고 난 충격을 받았었다. 아, 내 키에 비해 몸무게가 많이 나가는 구나. 좋아하는 친구에게서 그런 표정을 보고 나니 마음이 아팠다. 이후에 그 친구가 나를 보고 못생겼다고 말하는 것도 보게 되었다. 자신감이 떨어지기 시작했다. 그게 나도 모르게 심해졌었다.

6학년 말 때쯤에 나를 보니 쉬는 시간에 혼자 덩그러니 있었다. 다른 친구들은 각자의 그룹에서 재밌게 웃으면서 이야기를 하는데 나는 어느 그룹에도 속하지 못하고 있었다. 그래도 그때까진 성격이 180도 바뀐 건 아니었다. 중학교에 입학하면서 내 성격은 급속도로 나빠지기 시작했다. 중학교 입학식 날 반 친구들을 살펴보니 아는 얼굴이 없었다. 쉬는 시간만 되면 이번에도 나 혼자 있었다. 대부분 각자 친한 친구들을 빠르게 사귀거나 원래 친한데 같은 반에 오게 되어서 그들만 다니는 등 그룹이 생겼다. 이번에도 난 그 어느 그룹에도 속하지 못했다. 그래서 쉬는 시간은 오히려 나에겐 괴로웠다. 수업 시간엔 그냥 수업만 들으니 남의 눈을 신경 쓸 필요가 없었다.

1학년 초기엔 정말 수업 시간이 훨씬 나에겐 편하게 다가왔다. 그것마저 불편해지기 시작한 시기가 생겼다. 바로 외모 때문이었다. 초등학교 졸업 때쯤부터 여드름이 나기 시작했다. 처음 한두 개쯤이야 신경을 안 썼다. 중학교에 올라오면서 급격하게 내 얼굴을 뒤덮었다. 정말 한순간이었다. 학교에서 친구를 못 사귀어서 스트레스를 받고 있어서 그런지 여드름은 쉽게 사라지지 않았다. 그런 와중에 어머니께서 나를 보고 '어릴 땐 피부 하난 깨끗했는데 지금은…….' 이라고 입버릇처럼 말씀하셨다. 그때 이 세상에 가장 내 편이라고 생각되는 분이 내 피부를 안 좋게 보는데 하물며 다른 사람은 어떨까 하는 생각이 들었다. 그때부터 서서히 외모에 자신감을 잃어가기 시작했다. 그나마 다행인 건 내가 다닌 곳은 남자 중학교였다. 그 나잇대에 친구들 대부분이 여드름이 심하게 나기 시작할 때였다. 학교에 있을 때는 피부에 대한 생각을 날려 버릴 수 있었다. 문제는 밖이었다. 학교에 가기 위해서, 집에 가기 위해서는 밖을 나가야 하는 것이었다. 대부분 사춘기에 접어들면서 외모에 대한 고민이 상당한데 나 역시 그랬다. 거울을 볼 때마다 '왜 이렇게 못생겼지? 왜 이렇게 피부가 안 좋지?' 등등의 나 스스로 자존감을 깎아내리는 말을 서슴없이 했다. 그리고 머리도 곱슬머리였다. 보통 곱슬머리도 아니고 악성 곱슬머리였다. 얼굴도 점점 까매져서 학교에서도 외모에 대해서 뭐라고 하는 게 들리기 시작했다. 장난으로 하는 말이라 웃고 넘어갈 수도 있었다. 그땐 외모에 한창 스트레스를 받고 있어서 그 말 한마디 한마디가 상처로 다가왔다. 남들이 보는 내 모습에 대해서만 생각을 하다 보니 더 숨고 싶어졌다. 집만이 오직 내 유일한 안식처가 되기 시작했다.

그 당시에 내 행동반경은 간단했다. 집, 학교, 학원, 집. 이것이 끝이었다. 주말엔 친구들과 나가 놀 법도 한데 그러지 않았다. 나가는 게 싫었다. 정확하게 말하면 모르는 다른 사람에게 날 보여주기가 싫었다. 부모님께서 주말에 나가서 놀지 않느냐고 물어보셨을 때도 매번 쉬고 싶다고 얼버무리기만 하고 나가지 않았다. 학원에 다니는 건 그래도 조금 괜찮았다. 학원에 같이 다녔던 친구들 대부분이 초등학교 때부터 같이 다녔던 같은 중학교 친구들이어서 내 변화하는 모습을 계속 봤다. 그래서인지 날 겉모습으로 보지 않고 이전처럼 그대로 대해줬다. 마음이 편한 건 그 안에서 있을 때뿐이고 학교 등하굣길이나 학원을 갔다 오는 그 길은 나에겐 스트레스였다. 학원에 다녔지만 이미 내 머릿속엔 외모에 대한 생각밖에 없었다. 공부에 손이 가질 않았다. 공부할 생각도 나질 않았다. 당연히 점점 성적이 떨어지기 시작했다.

외모는 나에게 콤플렉스가 되어 버렸다. 외모에 대한 스트레스와 성적이 떨어짐에서 오는 스트레스로 인해서인지 여드름은 없어지질 않았다. 외모에 콤플렉스가 생기다 보니 밖에 나가질 않고 집에만 있어서 스트레스 풀 데도 딱히 없었다. 다니던 태권도 도장도 그만두었다. 먹는 것만이 유일하게 스트레스를 해소할 방법이었다. 운동은 하지를 않고 먹기만 먹으니 살은 점점 찌기 시작했다. 어릴 땐 너무 말랐으니까 조금 살집이 있으면 괜찮아 보이겠지라는 생각을 했었다. 막상 살이 찌니까 외모에 대한 스트레스가 같이 늘어나 버렸다. 외모에 대한 스트레스로 여드름이 나고 스트레스를 해소하기 위해 먹기만 하고 먹으니 살이 찌고 살이 찌니 외모에 대한 스트레스는 커졌다. 악순환이었다.

나는 이 고민을 누구에게도 털어놓지 않았었다. 나 혼자 괴로워하고 말았다. 내가 아무에게도 알리지 않아서 나의 학창시절은 다른 사람이 보기엔 누구보다도 평범해 보였을 것이다. 학교 선생님들도 문제없는 그저 그런 학생으로 봤을 것이다. 당연히 표면적으로는 문제가 보이지 않았다. 나 자신도 숨고 싶어 했으니 그 사실을 알리고 싶지도 않았다. 친구가 없었던 것도 아니었다. 중학교 때부터 지금까지 친한 친구들이 있는데 그 친구들도 이 사실은 몰랐을 것이다. 같이 사는 부모님조차 이 사실은 모르셨다. 부모님께조차 알리지 않았던 이유가 있었다. '지금 내가 겪고 있는 스트레스는 나의 일이다. 부모님께서 나를 따라다니면서 하나씩 해결해줄 수 있는 부분이 아니다.'라고 생각했다. 나 스스로가 해결하지 않으면 끝없는 굴레일 거라는 느낌도 받았었다.

지금 생각해도 그때 당시에 부모님께 도와달라고 했어도 뾰족한 수가 없었을 것 같다. 그토록 찌고 싶었던 살이 나를 괴롭게 만들 줄은 상상도 못 했다. 어드름 또한 나의 발목을 잡게 될지도 몰랐다. 그때 난 외모 콤플렉스가 생겼고 그 이후로 지금까지 내 외모에 대한 자신감은 항상 없다. 내 변화된 외모가 가져온 일상의 변화는 생각보다 컸다. 나에겐 트라우마라고 표현해도 될 정도였다. 이때 나서기 좋아하고 사람 좋아하던 내 성격이 180도 바뀌어 버렸다.

사람이 두렵다

어릴 때는 항상 사람들이 좋았었다. 놀러 다니는 것도 좋아했고 친구들과 어울리기도 좋아했었다. 앞에 나서는 걸 좋아했고 눈에 띄는 걸 좋아했다. 왜소한 몸을 커버할 정도로 성격은 활발했다. 그런데 초등학교 6학년 때부터 살이 갑자기 많이 찌기 시작했다. 신체검사 날 내 체중을 듣고 놀라는 좋아하던 친구의 표정을 본 후로 자신감도 조금씩 떨어졌다. 중학교 1학년 때부터 여드름이 많이 나기 시작했다. 사춘기가 겹치면서 거울을 볼 때마다 "난 너무 못생겼어. 피부도 너무 더러워." 등의 말로 내 자존감을 계속 낮췄다. 그게 하루 이틀이 아니었다. 그런 일이 많아지다 보니 밖을 나갔는데 이상한 소리가 들리기 시작했다. 길에서 스쳐 지나가는 사람들이 날 보고 뭐라고 하는 것 같았다. 내 귀에는 그 이야기가 '저 사람 봐봐. 진짜 못생겼다. 피부 극혐이다.'라고 들렸다. 물론 그 사람들이 이런 이야기를 하지는 않았을 것이다. 말소리가 들리지는 않았지만 그렇게 말하는 듯한 느낌이 들었다. 바닥까지 보인 내 자존감이 안 좋은 상상만 만들어냈다. 그때 당시엔 사람들이 웃으면서 지나가도 내 외모에 대해서 비웃는 거라고 생각했다. 그 사람들의 눈빛은 나를 멸시하는 눈빛으로 보였다. 이게 지속되다 보니 밖에 나가는 게 두려워졌다. 사람들을 만나는 게 무서워졌다. 사람을 피하기 시작했다. 내 자존감이 완전 밑바닥을 쳤을 때 오랜만에 길에서 만난 초등학교 때 친구를 모른 체했다. 중학교가 달라서 못 만났던 친구들이 길에서 나를 발견하고 불렀지만 난 차마 뒤를 돌아보지 못했다. 콤플렉스를 보여주기 싫어서였다. 나에겐 외모 콤플렉스가 생겨버렸다.

어릴 때 너무 왜소해서 괴롭힘을 당하다 보니 살이 찌면 힘이 강해질 줄 알았고 괴롭힘이 없어질 줄 알았다. 실제로 살이 찌니 한동안 이유 없이 누군가가 시비를 걸거나 무시하는 게 없어졌다. 아니 그런 줄 알았다. 중학교에 입학하니 일진이라는 그룹이 생기기 시작했다. 일진이라고 불리는 대부분의 학생은 나보다 키도 크고 몸도 좋고 덩치도 컸다. 나는 살이 찌면 덩치가 자연적으로 커질 거라고 믿었었다. 현실은 그냥 힘없고 몸 약한 뚱뚱한 학생이었다. 다른 사람이 보기엔 그저 만만한 사람으로 보였었던 것 같다. 그때부터 지속적이진 않았지만 일진들에게 괴롭힘도 받았었다.

어떤 날은 친한 친구와 종이비행기를 날리고 있었다. 그 친구는 종이접기 실력이 끝내줘서 비행기도 내가 접는 것과는 차원이 달랐다. 반 친구들 대부분이 그 비행기를 날리면서 놀았다. 그러다가 내가 날린 종이비행기가 일진 학생에게 날아갔다. 일부러 그쪽으로 날린 게 아니라 갑자기 왼쪽으로 방향이 틀어져서 날아간 것이다. 자기한테 종이비행기가 날아왔단 이유 딱 하나로 그 자리에서 따귀를 맞았다. 그리고 나서 그 자리에서 내가 할 수 있는 일은 없었다.

체육대회 날이었다. 난 운동을 못 했기 때문에 그 시간이 싫었다. 규칙상 무조건 한 종목은 해야 했다. 1:1 같은 부담스러운 경기는 하기 싫었었다. 그냥 단체로 하는 줄다리기 같은 종목에 슬쩍 끼이고 싶었었다. 하지만 그런 바람은 이루어지지 않았다. 등 떠밀려 출전한 씨름에서 문제가 생겼다. 내 상대와의 문제가 아니었다. 그때 시계를 차고 있었는데 씨름 경기 중에는 위험하다고 그걸 빼라고 했다. 그래서 시계를 심판 선생님께 드렸다. 선생님은 그걸 떨어뜨릴 수도 있다며 주변에 있는 학생에게 맡겼다.

시합은 단체전이어서 한 번 하고 끝이 아니었다. 한참 후에 시합이 끝나고 시계를 찾으러 갔는데 보관하던 그 친구가 안 보였다. 몇 시간 동안 안 보이다가 간신히 찾아서 시계를 달라고 했다. 그 친구가 한다는 말이 그 시계를 다른 일진 학생이 들고 갔다고 했다. 거짓말인 게 분명했다. 일진과 그 친구는 친한 사이였기 때문이다. 시계를 찾으려고 일진 학생을 찾으러 돌아다니니 시계를 들고 갔다는 일진 학생이 나를 찾아왔다. 조용한 데로 나를 데리고 가더니 시계 잃어버렸으니까 찾지 말라고. 그냥 잃어버린 줄 알고 조용히 지내라고 했다. 끝에 말에 미안하다고는 했지만, 전혀 그런 감정은 못 느꼈다. 그 자리에서 난 아무 말도 하지 못했다. 다음 날 내 시계를 일진 학생이 차고 있는 걸 보고도 아무 말도 하지 못했다. 부모님께도 잃어버렸다고만 말했다. 내가 할 수 있는 거라곤 그 일진과의 인연이 끝이었으면 하는 걸 바라는 수밖에 없었다.

다른 학교의 사정은 잘 모르겠지만 내가 다녔던 중학교에는 일진 그룹이 여럿 있었다. 앞서 내 시계를 뺏어간 그 일진 그룹과의 인연은 내 바람대로 그걸로 끝이었다. 이후 졸업 때까지 엮이는 경우가 없었다. 하지만 다른 그룹과의 악연이 시작되었다. 쉬는 시간이었다. 다음 수업을 준비하기 위해 사물함에서 책을 꺼내려고 했다. 책을 꺼내러 허리를 숙이는 순간 오징어 타는 비슷한 냄새가 났다. 허리를 숙이자마자 일진 학생이 내 머리를 라이터로 태운 것이었다. 순식간이었다. 다행인 건 불이 완전 머리에 붙은 건 아니어서 사고는 나지 않았다. 사고가 안 났을 뿐 정도가 지나쳤었다. 깜짝 놀라 고개를 들었다. 일진 학생 입에서 사과가 나오기는 했지만, 전혀 미안함이라곤 찾아볼 수 없는 말이 었다. 말로만 사과하고 있었고 다른 일진 학생들과 웃고 있었다. 머리를 태운 이유도 단순했다. 그냥 곱슬머리니까 태워 보고 싶었다고 했다. 곱슬머리니까 태워도 티도 안 난다고 말했다. 그걸 웃으면서 말을 했다. 순간 오만가지 생각 이 스쳐 지나갔다. 그 생각 중에 내가 실행할 수 있는 건 없었다. 괜히 이기지도 못하는데 덤벼들거나 신고를 하면 다음 날도 똑같은 일이 벌어질까 봐 두려웠 다. 그저 할 수 있는 거라곤 그들과 같이 웃으면서 괜찮다고 말하는 것밖에 없 었다. 부모님께도 이런 모습을 보여주고 싶진 않았다. 결국, 그 날 집으로 가기 전에 머리를 자르고 집에 갔다.

일진들만 나를 괴롭히고 무시했던 건 아니다. 중학교 때의 내 성격은 내성적 이었다. 눈에 띄는 행동을 하기 싫어했다. 남들 앞에 나서려고 하지도 않았다. 가만히 지내도 여드름 범벅에다 살이 쪄서 그런지 일진들 눈에 잘 띄어서 괴롭 힘을 당했다. 친한 친구들과 있을 때 외에는 나서지 않고 지냈다. 그런 내가 갑 자기 2학년 때 부반장이 되었다. 원래 부반장이었던 친구가 있었는데 검도 특 기생으로 다른 학교에 전학을 가서 공석이었다. 그 자리에 선생님께서 나를 세 웠다. 아직도 내가 왜 부반장이 된 건지 잘 이해가 가지 않는다. 부반장이 되고 나서 선생님께서 내게 시키는 일을 묵묵히 열심히 했다. 처음엔 자잘한 일을 막 시키셨다. 나중에 되니 청소 검사까지 내게 시키셨다. 원래라면 각자 청소 해야 할 구역이 있고 담당이 있었다. 선생님은 볼 일 때문에 먼저 가시고 내가 검사를 한다고 하니 다들 태도가 바뀌었다. 다들 청소를 하는 둥 마는 둥 대충 하고 이 정도면 돼지 않았느냐며 나를 쏘아붙였다. 그러곤 그냥 집에 다 가버

렀다. 10명이 넘는 인원이 해야 하는 청소구역이 그 날은 청소하기 전이랑 후의 차이가 없었다. 결국 그날 친구들이 다 집에 가고 텅 빈 교실에서 나 혼자 그 구역 청소를 다 했다. 혼자 하니 너무 힘들었고 집도 결국 늦게 갔다. 다음 날 청소 상태를 보고 선생님께선 칭찬하셨다. 선생님 없이도 잘 하고 갔다고, 앞으로도 맡겨도 될 것 같다고도 했다. 거기다 대고 난 어제 혼자 청소했다는 말을 하지 못했다. 조용히 그 날 일을 넘어가기로 했다.

그 밖에도 자기보다 앞에 있었다는 이유로 뒤통수를 맞기도 했다. 이유 없이 지나가다가 뺨을 맞았던 적도 많았다. 누군가에게 신체적인 괴롭힘을 받기도 했고, 무시를 당하기도 하고, 길에서 마주친 사람들이 나를 씹어대는 느낌을 받기도 했다. 이런 일들을 겪고 나니 사람이 두려워지기 시작했다. 심지어 피할 수 있는 구멍도 없었다. 다른 사람에게 도움을 청할 수도 없었다. 부모님, 선생님, 친구 그 누구에게도 이 상황을 말한 적이 없다. 두려움을 이겨내려면 원인을 찾아서 그걸 해결하는 것이 답이다. 나의 원인은 외모 콤플렉스에서 오는 자신감, 자존감의 하락이었다. 외모는 누가 해결을 해줄 수 있는 게 아니었다. 보이는 게 콤플렉스니 숨고만 싶었지 표면에 드러내기 싫었다. 중학교 3년 내내 이 문제를 해결하려고 노력을 안 했던 것 역시 아니었다. 외모를 바꾸는 데는 도저히 답이 없었다. 그래서 성격이라도 바꿔보자고 생각했다. 중학교 3학년 때가 가장 적절했던 것 같다. 특목고나 외고, 과고 등을 노리는 학생들이야 성적이 중요했겠지만, 그 밖에 일반 학교나 공고에 가는 학생들은 이미 성적과는 거리가 멀었다. 2학기 때 인문계와 공고에 가는 학생들이 거의 확정이 다 났으니 학교가 놀자 판이었다. 이때 그나마 성격을 바꾸고 싶었다. 갑자기 성격을 바꾸려고 하니 쉽지는 않았다. 피하려고만 했던 대화에도 끼이려고 노력했고 노는 자리에도 같이하려고 노력했다. 이미 자기들만의 그룹이 형성되어 있던 시기라 갑자기 들어가려니 잘 안 되었다. 학교 내에서는 친구들과 대화를 하는 데는 문제가 없었다. 일진 학생들도 마지막에는 조용했다. 덕분에 괴롭힘도 적어졌고 친구들과의 관계도 다른 사람과 비슷해졌다. 학교 내에서의 스트레스가 줄어든 덕분일까. 살이 조금 빠지고 피부도 조금 사그라들었다. 그래도 여전히 학교 밖은 무서웠다. 외모 콤플렉스는 사라지지 않았다. 길에서 보이는 사람들의 말소리가 두려웠고, 그 눈빛과 웃음은 나를 조롱하는 것 같았다. 나는 아직 완벽하게 내 상황을 극복하지 못했다.

남을 동경하기만 하는 삶

지금 생각해보면 중고등학교 대부분 나 자신을 존중하는 게 아니라 남을 동경하기만 했던 것 같다. 다른 사람이 부러워서 그 사람이 되고 싶기도 했다. 자존감이 낮아질수록 이런 마음은 커져만 갔다. 삶의 주체가 내가 아닌 것 같았다. 초등학교 때에는 남을 마냥 부러워하거나 그러진 않았다. 그때 느낀 부러움이라는 감정은 나도 할 수 있다는 자신감이 내포된 감정이었다. 누군가를 동경하지만은 않았다. 마음만 먹으면 할 수 있고 어른이 되면 꿈이라는 건 자연스럽게 이루어질 줄 알았다. 중학교에 진학하고 나서는 상황이 달랐다. 자신감이 떨어지면서 자존감도 떨어졌다. 자신이 하고 싶은 말을 하면서 다니는 친구들이 부러웠다. 특히 일진이 부러웠다. 문제아에 나를 괴롭히던 사람들이었지만 부러웠다. 누군가를 괴롭힐 수 있다는 거에 부러움을 느낀 게 아니다. 다른 사람에게 무시를 받지도 않고 괴롭힘을 받지 않고 자신이 하고 싶은 말과 행동을 하는 그 모습이 부러웠다. 나에겐 없는 자신감이 넘쳐흐르는 모습을 동경했었다.

대부분 사람이 어렸을 때부터 꿈이 있었을 것이다. 그 꿈은 시간이 지남에 따라 유지되기도 하고 흥미와 환경의 변화로 바뀌는 예도 있다. 후자의 경우가 대부분일 거다. 나도 꿈이 몇 번 바뀌었다. 자주 바뀐 건 아니었다. 초등학교 때까지 내 꿈은 과학자였다. 아인슈타인이나 유명 과학자들처럼 과학에 특출난 재능이 있었던 건 아니었다. 그냥 티브이나 신문에 나오는 과학자들의 모습이 멋있어 보였다. 위인전이나 자서전이 나와서 찬사를 받는 게 멋있었다. 티브이에서도 과학전 실험 세계 최초로 우리나라에서 성공했다는 등 과학적 성공만을 다루는 프로도 자주 했었다. 그 자리에, 그 글에 있는 사람이 나였으면 하는 바람으로 그 꿈을 가졌다. 물론 초등학교 때 과학이 재미가 있기도 했었다. 실험도 많이 하고 만들기도 많이 하는 등의 체험이 많았다. 과학 시간만 기다렸던 적도 있었다. 학교에서 매년 1번씩 학년별로 고무동력기 대회도 했었다. 초등학교 5학년 때 정말 작정하고 한 번 만들었다. 다 만들고 운동장에서 한 번 날려 봤는데 너무 잘 날았다. 이 정도면 우승할 수 있겠다는 확신이 생겼다. 예선전 때 날렸는데 당연히 내 고무동력기는 잘 날았다. 너무 잘 날다 못해 학교 건물을 넘어 가 버렸다. 결국 찾지를 못해서 예선 탈락을 했지만, 과학도 하면 된다는 자신감이 붙었다. 그 외에 만들기 대회에서 상도 타는 등의 성과도 있었다. 그 때문에 과학이 쉽고 재미있었다. 이렇게만 하면 과학자의 꿈을 이룰 수 있을 거라고 확신했다. 과학 수업은 앞으로 계속 재미만 있을 줄 알았다. 그건 딱 초등학교 때까지였다. 중학교에 올라가서 처음으로 과학 수업을 듣고 깨달았다. 과학자의 길은 내 길이 아니라는 걸. 초등학교 땐 실험이나 만들기가 많아서 그런지 어렵지 않고 재미있었다. 중학교 과학도 실험을 안 한 건 아니지만 극히 드물었다. 수업은 실험이나 만들기 대신 이론적인 게 대부분이었다. 생물이 어쩌고, 속력이 어쩌고, 지구가 어쩌고 등등 복잡했다. 어려운 명칭을 외워야 하는 게 많았다. 계산문제도 막 나오는 등 수학과 다르지 않은 것 같았다. 아니 수학보다 더 어려웠다. 수학은 어떻게든 따라갈 수 있었는데 과학은 도저히 무슨 말인지 이해가 되지 않았다. 난이도가 변하고 수업 방식이 바뀌니 자연스럽게 과학에 대한 흥미는 떨어졌고 꿈은 없어졌다.

내 두 번째 꿈은 뜬금없지만 아이돌이었다. 티브이나 무대에서 춤추고 노래하고 사람들에게 열광 받는 그런 아이돌이 되고 싶었다. 정확하게 말하면 연예인이 되고 싶었다. 그 꿈을 가진 시기가 2007년 내가 중학교 2학년 때 일이다. 난 중학교 1학년 때부터 외모 콤플렉스를 가지고 있었다. 그로 인해 남들 앞에 나서는 게 두려워졌었고, 밖을 나가 사람을 만나는 게 무서워졌다. 그런 내가 수많은 사람 앞에 서서 노래하고 춤을 추는 직업을 가지고 싶었던 이유가 있었다. 2007년 3월에 충격을 받은 일이 생겼다. 큰 사건을 말하는 건 아니다. 내가 밖에도 못 나가고 집에만 박혀 있을 그 시기에 원더걸스라는 걸 그룹이 데뷔를 했다. 사람들은 거대 기획사에서 공을 들여 내놓은 그룹 정도로 봤을 수도 있다. 나도 처음엔 그냥 예쁜 사람들 5명 묶어서 그룹 만들어서 데뷔했다는 정도의 감정만 있었다. 어느 날 집에서 심심해서 원더걸스를 검색해봤다. 충격적이었다. 충격을 받은 데는 2가지 이유가 있다. 첫 번째로 나이 때문에 충격을 받았다. 2007년 당시 원더걸스 중 3명의 나이가 16살이었다. 겨우 나랑 1살 차이밖에 나지 않았다. 그때의 나에게 꿈이라는 건 어른들의 전유물인 줄 알았다. 항상 들어온 말이 '아직 준비가 안 되었으니 공부를 해야 한다. 뭘 하고 싶은지 아직 모르니까 일단 공부해라. 하고 싶은 건 어른이 되어서 해라.' 등등이었다. 근데 그 세 명은 자신에게 꿈이 있고 간절함이 있고 재능이 있다면 나이는 무관하다는 것을 보여주었다. 나머지 두 명도 고등학생으로 어리긴 했지만 나와 겨우 한 살 차이라는 점에서 나에게 더 와 닿았다. 두 번째 충격은 난 사람이 두려워서 집 밖도 잘 안 나가는데 많은 사람의 관심을 한 몸에 받으면서 당당하게 있는 모습이었다. 한 번도 본 적이 없는 사람들에게 욕을 먹는 예도 있는데 그걸 담담하게 받아들이는 모습을 본 것이다. 겨우 나랑 몇 살 차이도 나지 않는, 심지어 나보다 몸집도 작은 사람들이었다. 그 사람들이 그 순간 너무 큰 존재로 보였다. 멤버들의 프로필을 다 보고 나니 많은 감정이 나를 감쌌다. 어른들의 전유물인 줄로만 알았던 꿈이 나이와는 상관없는 것이라는 상식이 깨진 것에 대해 놀랐다. 나와 한 살 밖에 차이 나지 않는 사람이 꿈을 이룬 것에 대한 존경심도 생겼다. 그걸 보고 존경하고 있는 나에 대한 허탈감도 들었다. 나와 한 살 차이 나는 세 명을 보고 나니 나는 내년에 뭘 하고 있을까? 뭘 할 수 있을까? 하는 자괴감과 알지 못하는 조급함도 들었다. 제일 큰 감정은 남들 앞에서서 뭔가를 할 수 있다는 것에 대한 부러움이 제일 컸다. 난 겨우 집 밖을 나가는 것도 싫어서 스스로 문을 닫고 살았다. 저 문 하나 못 열고 있는 내게는 꿈이라는 건 사치였다. 아니 꿈을 고민할 생각조차 하지 않고 살았었다. 그러다 보니 그 사람들이 마냥 멋있어 보였다. 그 사람들처럼 되고 싶었다. 그 날부터 원더걸스가 부러워서 연예인이 되고 싶다는 마음이 들었다. 내가 진정으로 되고 싶은 것이 아닌 특정 인물을 동경해서 꿈을 선택했다. 꿈을 선택하긴 했지만 내 재능과 흥미와 성격을 고려하지 않고 고른 거다 보니 준비가 잘 되진 않았다. 우선 정보를 모으기 시작했다. 연예인이 되는 방법부터 소속사, 연습생 기간 등등 알아야 하는 정보를 모았다. 필요한 정보를 다 모았을 때쯤 나의 문제점은 너무나 많았다. 실력도 실력이지만 새로운 분야에 도전하는 나의 용기가 매우 부족했었다. 뜬구름을 잡으려고 그저 바라만 보는 나날을 지속하였다. 시간이 지나면서 주변을 둘러보게 되었다. 다른 친구들은 이미 자기가 하고 싶어 하는 게 뭔지 알고 뛰어가는 것 같았다. 꿈에 대해 명확해 보였다. 남을 동경하기만 하고 나를 돌아보지 않으니 강점을 잘 몰랐다. 진정으로 하고 싶은 게 뭔지 몰랐다. 나는 골인 지점은커녕 방향도 출발선조차도 찾지 못해 헤매고 있었다. 조급함만 늘어갔다. 조급함보다 더 큰 문제는 아무것도 하려고 하지 않는 것이었다. 내가 하는 일이라곤 나보다 먼저 뛰어가는 사람들의 뒷모습을 바라보며 저 사람처럼 되고 싶다가 아니라 저 사람이 되고 싶다는 생각뿐이었다.

　누군가를 동경하기만 하는 삶은 자존감이 낮아졌을 때 생기는 것 같다. 그로 인해 내가 아닌 다른 사람이 되고 싶었다. 선망하는 그 사람을 보면서 그 사람의 삶에 대해서 상상한다. SNS에 나오는 누군가의 화려한 차, 많은 돈, 번듯한 직장 등을 보면 부럽기만 하다. 그 상상이 끝나면 지독한 현실이 눈앞에 있다. '나는 왜 돈이 없지? 차가 없지?'라는 생각이 들면서 자존감이 하락한다. 자존감이 낮아져서 동경했는데 동경을 하면서 자존감은 더 하락한다. 그 굴레는 벗어나기 힘들고 지독하다. 나는 그렇게 중학교 때부터 한 번도 본 적 없는 누군가를 혹은 친구를 동경하기만 하는 삶을 살았었다.

제2장
변화를 결심하다

다른 사람의 눈치만 보고 다른 사람을 동경만 하고 다른 사람에게 괴롭힘도 당했다. 언제까지 이렇게만 살고 싶진 않았다. 어릴 적 자신감이 넘치던 나로 돌아가고 싶었다. 작고 왜소했지만, 누구보다 당당했던 그때로 돌아가고 싶었다. 원래 성격이었으니 금방 그 모습을 되찾을 줄 알았다. 노력하면 금방 될 줄 알았는데 착각이었다. 이미 내성적인 성격은 내게 뿌리내려 있었고 그 모습 자체가 이미 나였다. 포기하고 싶지 않았기에 계속 노력했다. 성격이 다시 옛날로 돌아간 줄 알았던 적도 있었다. 그게 아니라는 걸 깨달았을 때의 좌절감이 크긴 했었다. 이번에 온 그 좌절감은 나를 넘어뜨리지 못했다. 좀 더 이를 악물 수 있는 계기 되었다.

고등학생 때의 착각

길고도 험했던 중학교 3년이 흘렀다. 고등학교는 집에서 10분 거리에 있는 중학교 바로 옆에 있는 인문계 사립학교로 진학했다. 중학교 1학년 입학식 때는 같은 반에 아는 사람이 없어서 외로웠다. 그래서 고등학교 입학식 또한 약간 걱정이 되었다. 다행히 친한 친구들이 대부분 같은 고등학교에 진학도 했고 심지어 같은 반도 되었다. 반가웠다. 중학교 1학년 때와 다른 시작을 하니 기분이 좋았다. 중학교와 고등학교엔 확연한 차이가 있었다. 중학교 때는 일진이라는 그룹이 있었지만, 고등학교에는 없었다. 자기가 힘이 세다는 걸 과시하고 싶어 하는 학생들도 있었다. 그 친구들이 중학교 때는 일진으로 다른 학생을 괴롭히면서 그 힘을 과시했었다. 고등학교에서는 그 힘으로 남을 괴롭히는 게 아니라 헬스장에서 과시했다. 참 건전한 방법이었다. 덕분에 고등학교 때에는 왕따나 집단 따돌림 등의 문제는 보지 못했다. 인문계 학교여서 면학 분위기가 좋았다. 학생들은 수업에 집중했고 숙제도 잘 해왔다. 학교를 빠지는 일도 없었다. 대부분이 그렇지만 역시 공부엔 관심이 없는 학생들도 있었다. 노는 거 좋아하고 수업을 잘 안 듣는 등의 일들이 있었다. 전체적으로 공부하자는 분위기여서 그 친구들이 면학 분위기를 망칠 정도의 일은 일으키지 않았다. 중학교 때와는 많이 다른 분위기가 난 마음에 들었다. 고등학교 생활은 아침 일찍 일어나 등교를 하고 야자에 학원까지 다니다 보니 밖을 나갈 일도 없어서 오히려 더 좋았다. 심지어 남고여서 외모에 더 신경 쓸 일이 없었다. 학교에는 나를 괴롭히는 사람도 없고 친구들만 있었다. 드디어 다른 사람들처럼 평범한 학교생활을 할 수 있을 것 같았다. 남들과 비슷한 생활을 할 수 있으니 이젠 성격을 바꿔보고 싶은 생각이 들었다. 어릴 때 작지만 당당했던 성격을 찾고 싶었다. 고등학교 입학식 날 지금이 성격을 바꿀 좋은 기회라고 생각했다. 나를 잘 모르는 사람들이 대부분이었고 친한 친구들도 있었다. 지금부터 다시 시작하기로 마음먹었다.

처음에는 원래 알고 지냈던 친구들과만 지냈다. 천천히 새로 친구들을 사귀기 시작했는데 그 친구들이 대부분 음악을 좋아하는 친구들이었다. 음악 이야기를 하다 보니 자연스럽게 친해진 친구들이었다. 물론 내 실력은 형편없었고 그 친구들은 뛰어났다. 노래는 못해도 좋아했기에 그 친구들과의 대화에 항상 같이했다. 노래에 관한 이야기를 한창 하던 어느 날 음악 수업시간에 대한 소문이 돌기 시작했다. 첫 음악 수업 시간에 노래를 부르게 하는데 노래를 잘 하면 합창부로 뽑는다는 것이다. 나의 노래 실력은 별로였지만 합창부에 뽑히고 싶었다. 단체로 목소리를 내서 하는 것이기 때문에 나 혼자 확 튀는 게 아니라서 부담 없이 성격을 바꿀 수 있을 것 같았다. 첫 음악수업 당일 긴장됨은 이루 말할 수 없었지만 눈 꼭 감고 노래를 불렀다. 노래를 부르고 나는 다행히 합창부 제의를 받았다. 나는 망설임 없이 바로 하겠다고 답을 했다. 그렇게 내 인생 첫 동아리 활동이 시작되었다.

합창부는 주로 점심시간에 음악실에 모여 연습을 하는 동아리였다. 합창부 첫날 점심을 먹고 나서 음악실로 가 보니 반가운 얼굴들이 많이 보였다. 아는 사람이 없어서 혼자 또 덩그러니 있는 게 아닐까 했는데 다행이었다. 합창부는 3학년을 제외하고 1, 2학년 학생들로만 구성되어 있었다. 우선 첫날은 각자 자기소개를 하고 파트를 정했다. 파트는 음역이 낮은 순부터 베이스, 바리톤, 테너가 있었다. 음악 선생님께서 한 명씩 음역 테스트를 했다. 나는 그 날 바리톤에 배정을 받았다. 그리고 각자 파트 별로 모여서 인사를 했다. 각 파트별 파트장은 2학년 선배들이었다. 파트별로 만나서 인사도 하고 이야기도 했다. 파트별로 시간을 가진 후 각자 이름이 적힌 악보와 앨범을 받았다. 그 앨범은 음악실 책꽂이에 계속 보관을 하는 것이었다. 그걸 처음에 받았을 땐 뭔가 설레고 뿌듯했다.

음악 수업시간마다 내 이름이 적힌 악보가 한쪽 책꽂이에 있으니 뭔가 있어 보였다. 처음 받은 악보는 '방랑자'라는 노래였다. 노래는 평소 내가 들어왔던 것과는 조금 달랐다. 성악곡이었다. 평소 가요에 익숙했던 우리에겐 많이 생소했다. 부르는 방법도 달랐다. 처음 부르는 방법이라 어려웠지만 다 같이 부르니 재미있었다. 평소 연습은 각 파트별로 찢어져서 파트끼리 연습을 한다. 마치기 직전에 모두 모여서 다 같이 불러보고 연습이 종료되는 식이다. 다들 파트를 나눠서 화음을 맞춰 보는 게 처음이다 보니 엉망이었다. 분명 너무 어렵고 점심시간에 다른 친구들과 놀지도 못하는데도 한 명도 빠지는 사람 없이 늘 출석률이 100%였다. 그렇게 나는 합창부 사람들과 함께 세상에 나갈 준비를 했다. 합창부는 매년 한 번 있는 청소년 합창 대회에 참가하는 게 전통이었다.

이번엔 우리 차례였다. 그 대회에 나가기 위해 우리는 매일 점심시간마다 모였다. 참가곡 두 곡의 연습이 끝날 때쯤 벽에 부딪혔다. 신종플루가 우리나라를 강타한 것이다. 그 이유로 사람이 밀집될 수 있는 대회는 모두 취소가 되었다. 아쉽지만 내년을 기약할 수밖에 없었다. 기약했던 내년의 대회도 결국, 우리는 참가하지 못했다. 학교의 사정으로 합창부는 우리가 마지막 기수였기 때문이다. 선배들이 빠진 자리를 후배들이 채워줘야 하는데 그 후배들을 받지 않았다. 인원이 부족하여 합창부는 유지되지 않았다. 우리는 많은 연습을 했기에 대회에 나갈 준비가 되어 있었다. 개인적으로는 다른 사람 앞에 나설 준비가 되었다고 생각했다. 그렇기에 대회 출전 무산은 더 아쉬웠다. 연습이 충분히 되어 있어서 무대에 서면 떨지 않고 잘할 수 있었을 거라는 생각도 들었다.

고등학교 때는 여러모로 운이 따라줬다. 그 덕분에 다른 친구들과도 금방 사이좋게 지낼 수 있었다. 수능을 준비하기 위해서 인터넷 강의를 신청했었다. 그 인터넷 강의 사이트에서 수시로 이벤트를 했었는데 난 모든 이벤트에 응모했다. 역시 대부분 탈락을 했는데 어느 날 당첨됐다는 문자 메시지가 왔다. 당첨 내용은 우리 반 전체 인원에게 노트와 포스트잇 그리고 수험용 시계를 준다는 것이었다. 그 즉시 바로 우리 반의 인원수를 적고 학교 주소를 적어서 보냈다. 난 그 당첨 내용을 반 친구들에게 말하지 않았다. 택배가 도착한 당일까지 나는 아무에게도 말하지 않고 기다렸다. 야간 자율학습시간 때 한 명당 한 세트를 나눠줬다. 역시 반응은 대박이었다. 다들 나에게 고맙다고 하고 기분 좋은 말을 들으니 어깨가 으쓱해졌다. 내 행운은 거기서 끝난 게 아니었다. 약 한 달 후 또 다른 이벤트에 당첨된 것이다. 이번에는 슬리퍼와 반 전체한테 줄 수 있는 낱개 포장되어있는 쿠키를 보내주었다. 이번에도 택배가 행정실로 갈 줄 알았는데 교무실로 가 있었다. 쿠키의 개수를 보니 꽤 많이 있어서 교무실 선생님들께도 쿠키를 드렸다. 쿠키 상자를 들고 교실로 갔다. 점심시간 직후였는데 나이가 숟가락 놓으면 바로 당 떨어질 나이다 보니 다들 미친 듯이 달려들었다. 그렇게 쿠키를 다 나눠주고 나니 반응은 역시나 좋았다. 교무실을 갈 때도 존재감이 별로 없던 나였는데 선생님들도 나를 다 알아봐 주셨다. 다른 반 친구들은 쿠키를 먹는 우리 반을 보고 부러워했다. 어떻게 하면 당첨이 되는지 물어보는 친구들도 있었다. 잘 모르던 사람들까지 운 좋은 놈으로 나를 알아봐주었다. 수험 시계와 쿠키 이벤트 당첨이 잊힐 때쯤 난 또 한 번 이벤트에 당첨이 되었다. 이번에도 역시 쿠키 이벤트였다. 쿠키 개수가 너무 많이 와서 우리 반에 돌리고도 한참 남을 것 같았다. 쿠키 상자를 받자마자 일단 교무실로 찾아가서 선생님들께 드렸다. 무슨 이벤트를 이렇게 자주 당첨되냐면서 나를 웃으며 반겨주셨다. 우리 반은 다시 한번 쿠키를 먹고 나에 대한 인식이 많이 좋아졌다. 친구들과 관계가 다른 사람들과 같아졌다.

　중학교 때는 친구들과 밖에 놀러 간다는 게 상상도 못 했던 일이었다. 나를 불러주는 친구도 없었고 나가는 것도 싫었다. 고등학교 때는 친구들이 자주 불러주고 해외에 가서도 연락이 올 정도로 나를 챙겨줬다. 사람 관계가 개선되고 자신감이 붙기 시작했다. 이제는 옛날처럼 당당한 나로 완전히 돌아왔다고 생각했다. 다시 여러 사람 앞에서 내 소신을 펼칠 수 있는 준비가 되었다고 나는 생각을 했었다. 그 생각은 나의 착각이었다. 착각이라는 걸 깨닫는 데 오래 걸리진 않았다. 고등학교 졸업 후 내 성격이 많이 바뀌지 않았다는 걸 알게 되었다.

첫 프레젠테이션에서 토하다

중학교 때 그 고생을 하고 진학한 고등학교의 생활은 꿈만 같았다. 예전 당당했던 그 모습을 찾았을 거라고 확신했다. 의심조차 하지 않았다. 하지만 그건 학교 안에서 한정이었다. 3년 내내 아침 일찍 학교 가고 야간 자율학습에 학원을 다니다 보니 밖을 나갈 일이 거의 없었다. 덕분에 학교 외의 사람들과 마주칠 일이 없었다. 많은 사람 앞에 내가 하고 싶은 이야기를 할 일도 없었다. 친구들과의 관계만 해결되었을 뿐 잃어버린 자신감은 회복되지 않았다. 그걸 처음에는 잘 알지 못했다. 대학교를 입학하고 얼마 후 그 사실을 다시 마주했다. 아직 변화되지 않은 나의 모습을 보며 다시 한번 중학교 때의 기억이 생각났다.

고등학교 때 친구들과 사이가 좋아지고 성격도 다시 밝아졌다. 그 성격 덕분에 졸업 후 대학교가 기대되었다. 대학교에 가서도 고등학교 때처럼만 하면 될 줄 알았다. 그 생각을 막는 요소가 있었다. 그 첫 번째가 통학이었다. 난 대학교를 통학으로 다녔다. 집과 학교의 거리가 애매해서였다. 학교에 가기 위해선 통학버스 정류장까지 30분을 시내버스를 타고 이동해야 했다. 그리고 통학 버스를 타고 30분을 가야 했다. 통학 버스를 놓치게 되면 시내버스를 타야 했었다. 시내버스로는 약 2시간이 조금 넘게 걸리는 거리였다. 그 덕분에 고등학교 때처럼 아침 일찍 일어나야 했었다. 등교하는 건 그래도 견딜 만했었다. 그때 당시 나에게 문제가 되었던 건 바로 하교였다. 하교하는 통학 버스는 4시부터 있었고 막차는 10시 차였다. 학기 초에는 개강 총회나 기타 단체 행사가 많았다. 난 막차 시간이 정해져 있어서 그걸 즐겨본 적이 없었다. 또한, 술을 마시면 통학 버스를 태워주지 않았다. 술 먹고 토하는 학생이 많아서 그런 조처를 내린 건데 덕분에 학기 초에 있는 술자리는 자주 빠졌다. 막차를 타기 위해 항상 자리에서 먼저 일어나야 했다. 같이 놀러 간 친구들을 뒤로하고 집으로 오는 막차 버스에선 공허함만 남았다. 갑자기 정해진 약속은 못 가는 게 대부분이었다. 이미 통학 차를 타고 집에 오고 있을 때 친구들이 같이 밥을 먹거나 술을 먹을 때의 기분은 착잡했다.

통학 덕분에 학교 사람들과 두루 친해지는 데 시간이 걸렸다. 학기 초에 적응하지 못하면서 다시 한번 자신감이 떨어졌었다. 학기가 진행되면서 친구를 두루 사귀면서 조금씩 자신감을 회복하고 있을 때쯤 일이 생겼다. 첫 프레젠테이션을 할 때 문제가 생긴 것이다. 내 전공은 중국어이다. 중국어만 배우는 게 아니라 중국의 문화나 역사도 배웠다. 중국 문화에 대한 수업 시간에 출석부 순서로 일주일에 3명에서 5명의 학생이 프레젠테이션을 해야 했다. 할당된 시간은 길지 않지만 한 번도 해본 적이 없어서 준비를 어떻게 해야 할지 막막했다. 주제 선정부터가 고민이었다. 중국과 관련된 어떠한 주제든 상관이 없었는데 앞서 발표한 사람들의 실패를 봐 왔기에 고르기가 힘들었다. 나도 다른 사람처럼 문화에 관련해서 설명할까 하다가 조사한 정보와 내 기본 지식으로 는 교수님의 질문과 반박을 받아 낼 자신이 없었다. 내 앞 발표자들도 문화에 대한 주제를 골랐다가 질문 세례를 버티지 못했다. 난 결국 고등학교 수학여행 으로 갔던 베이징의 유명 관광지를 소개하기로 했다. 용경협이라는 관광지를 선정하고 정보를 조사했다. 다행히 워낙 유명한 관광 명소라 한국어로 된 정보 가 많았다. 여행사 사이트까지 조사하면서 모든 정보를 모았다. 정보를 다 모 았음에도 뭔가 부족했다. 교수님께서는 훌륭한 프레젠테이션은 사람들이 얼 마나 집중하느냐에 따라 달렸다고 말씀하신 게 생각났다. 사람들을 어떻게 집 중시킬까 하는 생각을 했다. 그냥 일반적인 내용으로는 도저히 집중을 시킬 자 신이 없었다. 그래서 사진첩을 뒤져보니 고등학교 수학여행 사진이 있었다. 내 가 직접 찍은 사진들도 첨부하기로 했다. PPT를 만들어 본 적이 없어서 친구의 도움으로 겨우 완성했다. 완성 후 미친 듯이 연습했다. 자다가 툭 쳐도 준비한 대사가 나올 정도로 연습을 했다. 발표 당일 그 연습은 모두 허사가 되었다. 아 침 눈 뜬 순간부터 긴장돼서 아무 생각이 나지 않았다. 수업 시작 직전에는 그 정도가 지나쳐서 장이 뒤틀리는 느낌도 받았다. 오지 않았으면 했던 내 차례가 왔다. 발표는 약 10분 정도 했었다. 발표하기 위해 인사를 한 순간부터 마지막 인사를 하는 그사이에 무슨 일이 있었는지 모르겠다. 정신을 차려보니 난 마지 막 인사를 하고 있었을 뿐이었다. 그 날 이후 지금까지 그때를 기억하고 싶어 도 도무지 기억이 나지 않았다. 발표는 어떻게 했는지 잘 기억이 안 나지만 내 용은 많이 준비한 만큼 교수님께 칭찬을 들었다. 그 칭찬이 귀에 들어오지 않 았다. 발표가 끝난 후 자리에 앉자마자 속이 뒤집혔다. 곧바로 화장실로 뛰어 가서 토를 했다. 아침부터 긴장돼서 먹은 게 별로 없어서 토를 금방 다 했는데도 헛구역질은 멈추지 않았다. 간신히 진정되고 나서 강의실로 돌아갔다. 수업이 끝난 후 내 프레젠테이션을 도와준 친구에게 고마워서 점심을 사기로 했었다. 점심을 먹으러 가면서 약국에 들러서 증상을 말하니 위경련이라고 했다. 약을 먹고 친구와 식당을 가서 나는 먹는 둥 마는 둥이었다. 약을 먹어도 여전히 속은 좋지 않았다. 친구에겐 고맙다고 인사를 하고 집으로 일찍 돌아왔다. 집에 누워서는 생각에 잠겼다. 최근 자신감이 조금 떨어지긴 했지만, 사람들 앞에 나설 준비가 되어 있다고 생각했었다. 고등학교 때 다시 성격이 바뀌었다고 생각했었다. 그건 착각이었다는 생각이 드니 괴로웠다. 이번 프레젠테이션도 몇 주를 준비한 것인데 엉망이었다면 다른 건 보나 마나였다. 언제 어디서 말을 해야 하는 상황이 올지 모르는데 그땐 어떡해야 할지 막막했다. 그때마다 위경련이 올 것 같았고 토를 할 것 같았다.

중·고등학교와는 상황이 달랐다. 그땐 많은 사람 앞에서 말을 할 상황이 없었다. 그 때문에 이런 경우가 있을지 생각도 못 했다. 난 아직 초등학교 때의 나보다 못한 존재였다. 덩치와 키만 컸지 자신감과 자존감은 그때보다 작았다. 당당한 내가 되었다고 생각한 건 그저 고등학교 때의 착각이었다. 누워서 구토하고 있던 나를 생각하니 중학교 때의 내 모습이 생각났다. 차이점은 있었다. 미래에 대한 불안감의 차이가 컸다. 중학교 때는 그냥 그 날 하루만 보고 살았다. 하루하루 3년만 버티면 될 거라는 생각으로 살았다. 근데 이번엔 아니었다. 대학교 4년만 버틴다고 끝날 것 같지가 않았다. 졸업 후 회사에서도 토를 하고 있을 내 모습이 그려졌다. 상상이 끝나고 난 결심했다. 이번에야말로 내 성격을 고쳐보겠다고.

당장 내가 뭘 하면 성격을 바꿀 수 있을까 고민을 했다. 막상 떠오르는 건 없었다. 웅변 학원에 다녀볼까 고민했었다. 내가 초등학교 때 한창 웅변 붐이 불어서 내 또래 친구들이 웅변 학원을 많이 갔던 게 기억이 났다. 하지만 막상 가려니 왠지 초등학생들만 있을 것 같아서 꺼려졌다. 어린 애들이 다니는 곳에 다 큰 내가 끼어서 뭔가를 한다는 생각을 하니 민망했다. 두 번째로 떠오른 게 스피치였다. 티브이에서 우연히 스피치에 관한 프로를 본 게 생각났다. 스피치 학원의 연령은 대부분 직장인이었다. 거기라면 나를 바꿀 수 있을 것 같았다. 스피치 학원에 다니려고 알아보니 문제가 있었다. 시간과 돈이었다. 학교에 다니면서 그걸 배울 수 있는 시간이 없었다. 방학 때 잠깐 한다고 해서 도움이 될 것 같지도 않았다. 돈도 부담되었다.

　어떻게 극복해야 할까 고민을 하던 중 친구가 방학 때 아르바이트를 하자고 제안했다. 생각해 보니 아르바이트를 하면 모르는 사람을 많이 만나 이야기를 해야 해서 성격을 바꾸는 데 도움이 될 것 같았다. 그게 아니어도 돈을 모아서 스피치 학원을 등록할 생각이었다. 그렇게 친구와 아르바이트를 찾기 시작했다. 방학 기간이 다가오다 보니 아르바이트 빈자리가 없었다. 그 힘들다는 택배 상하차도 사람이 많이 몰려서 넘친다고 했다. 식당, 카페, 피시방 등 아르바이트 공고가 뜨자마자 사라지는 신기한 광경을 봤다. 아르바이트를 구하지 못한 채 방학이 되었다. 무의미한 나날을 보내면서 여전히 우리는 아르바이트를 찾고 있었다. 그때 내 눈에 딱 들어오는 아르바이트가 하나 있었다. 바로 이벤트 아르바이트였다. 시급도 괜찮았고 주말만 일하는 것이라서 시간적 부담도 덜 했다. 그 아르바이트를 친구보고 같이하자고 했는데 친구는 그 일은 꺼려진다면서 하지 않겠다고 했다. 하지만 나는 이름만 보고 그 일이 끌려서 하고 싶었다. 막상 하려고 하니 혼자 할 용기가 나지 않았다. 친구를 계속 설득을 했다. 친구는 절대 하지 않겠다고 했다. 사실 내가 보지 못한 게 있었다. 아르바이트 공고를 보면 하는 일에 대한 설명이 나와 있는데 난 그걸 보지 못하고 이름만 보고 하려고 했다. 나중에 알고 보니 친구는 내 말을 듣고 확인해보니 하는 일이 별로여서 안 하겠다고 했다. 만약 나도 그때 그 성격으로 하는 일을 읽었다면 지원을 하지 않았을 것이다. 난 이벤트라는 단어만 보고 이 일을 해야겠다고 마음먹었다. 친구 없이 혼자 그 일을 하기로 했다. 그 날 저녁 바로 아르바이트 회사에 전화를 걸었다.

이를 악물고
MC 아르바이트에 도전하다

처음 이벤트 아르바이트를 찾았을 때는 이름만 확인하고 하는 일은 확인하지 않았다. 그냥 이름만 보고 티브이에서나 보던 고백 대행 이벤트 그런 건 줄 알았다. 파티처럼 방을 꾸며 준다거나 초를 예쁘게 세팅한다거나 고백을 할 때 도움을 주는 그런 일인 줄 알았다. 그런 일이라면 재미있을 거 같아서 하기로 마음먹었다. 아르바이트 사이트에서 찾아보니 이런 회사가 3개가 나왔다. 하나는 너무 멀어서 지원할 엄두가 안 났고 남은 두 개 중 집에서 제일 가까운 곳에 전화했다. 다음 날이 연습 날이라고 사무실에 와서 면접 한번 보자고 했다. 내 첫 아르바이트 면접이라 긴장감과 설렘을 안고 사무실로 갔다. 가보니 사무실이라는 곳이 휑했다. 차라리 안무 연습실이라고 하는 게 어울릴 정도였다. 사무기기는 없고 소파 몇 개와 대형 거울이 벽에 붙어 있고 피아노 하나 있는 게 다였다. 면접을 보면서 처음으로 하는 일에 대해 듣게 되었다. 티브이에서 보던 그런 일이 아니라 MC를 보는 곳이라 했다. 각종 학교 행사, 회사 행사, 결혼식, 고희연, 돌잔치 등을 진행하는 팀이었다. 주로 돌잔치를 진행하며 직접 마이크를 잡고 진행을 하며 춤도 춰야 한다고 했다. 그때 당시 내 성격이었다면 그런 걸 할 엄두가 나지 않았다. 근데 뭔가에 홀렸던 것일까 나는 하겠다고 답을 했다. 성격을 고치고 싶은 절실함 때문이었을까 아니면 얼떨결에 대답을 한 것이었을까 아직도 의문이다. 나 이외에도 그 날 면접을 보러 온 사람이 두 명 더 있었다. 나를 포함해서 그 사람들 모두 일을 하겠다고 말을 하고 사람들과 인사를 나누었다. 그 날 시간이 있냐고 묻길래 있다고 했다. 온 김에 연습을 하자고 했다. 무슨 연습을 할 거냐고 하니 춤 연습이었다. 돌잔치를 할 때 주로 추는 춤이라고 했다. 춤이라곤 태권도 할 때 배웠던 태권무가 전부였다. 내 생에 춤이라는 단어가 나올 줄 꿈에도 상상 못 했다. 춤과 인연이 없었던지라 배우는 데 애를 먹었다. 일단 마스터가 목적이 아니라 안무만 다 외우는 걸 그 날의 목표로 삼았다.

두 시쯤에 면접을 보러 갔는데 안무까지 다 외우고 나니 저녁 6시였다. 다 같이 저녁을 먹자고 했다. 그 날 저녁은 신입 사원들의 환영회라는 명목이라서 무조건 가야 할 것 같은 분위기였다. 어색하지만 처음 만난 사람들과 식당으로 갔다. 삼겹살집을 가서 고기를 먹으며 이런저런 이야기를 나누며 술도 한잔 했다. 분위기는 화기애애했다. 술을 마시며 같이 면접을 본 분과 앞으로 잘해보자며 파이팅을 하기도 했다. 저녁을 다 먹고 팀장이라는 분이 가볍게 한 잔 더 하자고 했다. 집에 가야 하는 사람들은 가도 좋다고 했다. 신입사원들은 설명해야 할 게 있다고 집에 가면 불편할 것 같은 분위기를 만들었다. 집에 갈 사람들은 가고 각자 맥주 한 캔씩을 사서 사무실로 갔다. 맥주 한잔하면서 앞으로 어떤 일을 겪게 될 건지, 주로 어디 지역을 가게 될 건지를 말해주었다. 어떻게 하면 말을 잘할 수 있는지에 대해서도 이야기를 해주었다. 유니폼을 맞춰야 하니까 신체 사이즈를 측정해서 보내라고 했다. 월급 받을 통장도 사본을 다음 날까지 보내달라고 했다. 2시에 나가서 밤늦게 집으로 돌아왔다. 나는 연습도 하고 술도 같이 먹고 통장 사본도 보내 달라고 했으니 당연히 같이 일을 하는 줄 알았다. 다음 날 오후에 문자가 왔는데 같이 일을 못할 것 같다고 했다. 그 이유가 이벤트 회사는 오래 일을 해 줄 사람이 필요한데 난 6개월 후에 군대를 가야 하니 같이 일을 못 한다는 것이었다. 처음 문자를 받았을 때 너무 화가 났다. 이럴 거면 왜 연습을 시켰고 밤늦게까지 집에도 못 가게 했는지 이해가 안 됐다. 큰마음 먹고 도전한 첫 아르바이트였기에 문자를 보니 실망감과 함께 용기와 의지마저 꺾였다. 그 상실감을 느끼니 다른 일을 찾아볼 마음이 없어졌다. 다른 곳도 내가 필요하지 않을 거라는 생각이 들었다.

한 일주일을 아무것도 안 하고 지냈다. 문득 이렇게만 지내면 아무것도 변하지 않는다는 불안감이 들었다. 다시 한번 아르바이트를 찾아보는데 역시 일자리는 없었다. 딱 하나 남은 일자리는 역시 이벤트 팀이었다. 집에서 조금 먼 팀이었지만 다시 눈 딱 감고 전화를 걸었다. 저녁에 면접을 보자고 한 것도 이상했지만 더 이상한 것이 있었다. 만나자고 한 곳이 사무실이 아니라 저녁이 되면 인적이 드물어지는 어두운 곳이었다. 조금 이상했지만, 약속 시각에 맞춰 그 장소로 갔다. 조금은 불안했다. 시간이 조금 지난 뒤 영화나 티브이에서 보는 것처럼 검은 차 한 대가 내 앞에 섰다. 운전석에서 내린 사람은 정말 조폭처럼 키도 크고 조금 험하게 생기셨다. 주변 분위기까지 더해지니 솔직히 정말 무서웠다. 내리자마자 나에게 자기들이 무슨 일을 하는지 물어봤다. 지난주에 이벤트 팀에 대해 들은 게 많아서 대충 다 알지만, 그냥 모른다고 답을 했다. 그러더니 나한테 동영상을 하나 보여줬다. 춤추는 동영상이었다. 그 춤은 내가 단 하루 배웠던 그 춤이었다. 원래 모든 이벤트 팀의 춤이 다 같냐고 물어봤다. 무슨 소리냐고 하길래 내가 지난주에 겪었던 다른 팀에서 있었던 이야기를 해 줬다. 이야기를 듣더니 혼잣말로 조용히 욕을 하시곤 담배를 피우셨다. 내가 무슨 말실수를 했나 무서웠다. 나중에 알게 된 사실인데 그 두 팀의 사이가 상당히 안 좋았다. 배신도 당하고 통수도 맞고 사이가 안 좋았다고 했다. 담배를 다 피우시곤 일단 오늘은 너무 늦었으니 내일 낮에 사무실로 오라고 했다. 주소를 보내 줘서 다음 날 찾아 가 봤다. 근데 주소가 조금 이상했다. 지도상 안 나오는 주소였다. 어제 무서웠던 기억이 있어서 불안했다. 전화로 사무실을 찾아갔다. 사무실에 들어가기 전에 친구에게 전화했다. 만약 내가 30분 안에 연락이 되지 않으면 신고 좀 해달라고 했다. 나도 웃으면서 이야기를 했지만 반 진심이었다.

사무실을 갔는데 또 한 번 놀랐다. 이벤트 팀을 두 군데 밖에 가지 않았지만, 사무실이랍시고 갔던 곳들이 그냥 춤 연습실 같았다. 이런 것도 다 비슷하다는 걸 느낄 때쯤 대표님이 나오셨다. 전날 밤에 무서웠던 이미지는 없고 정말 살갑게 나를 맞이해 주셨다. 전날은 일 끝나고 바로 온 것이라 피곤하기도 했고 다른 그 팀의 이야기가 나와서 스트레스 때문에 까칠했던 거라고 말씀하셨다. 그 말을 듣곤 안심이 되어서 친구에게 신고 안 해도 된다고 카톡을 보냈다. 대표님께서 이전에 갔던 팀에선 왜 잘렸는지 물어보셨다. 군대 때문이라고 말을 했다. 자기들도 그렇고 다른 이벤트 팀들도 오래 일할 사람이 필요하다고 했다. 어느 이벤트 팀을 가든 지금 나에겐 군대가 걸림돌이 될 거라고 했다. 나도 그건 안다고 답을 했다. 근데 왜 다시 이벤트 일을 도전하려고 하는지 물어보셨다. 내 대답은 간단했다.

"제 성격을 고치러 왔어요."

딱 이 말 한마디만 했다. '성격을 바꾸러'라는 말도 아니었다. 나는 그때까지 내 성격이 병인 줄 알았다. 원래 밝았던 성격이 어두워진 건 병 때문이라 믿었다. 모든 병은 고칠 수 있는 것이라고 생각했다. 그 방법으로 이벤트 팀을 선택했기에 난 솔직하게 이야기했다. 성격 고치러 왔다는 말을 내뱉고 나니 같이 일을 해보자는 대답을 받았다. 그 날 시간이 있냐고 묻길래 있다고 답을 했다. 그럼 춤 연습을 하라고 했다. 어디서 많이 본 상황이었다. 춤까지 배웠는데 다음 날 또 문자로 잘렸다고 통보를 받는 건 아닐까 걱정했다. 다행히 그 걱정과는 다르게 통보를 받지 않았다. 그 주 주말부터 바로 일을 시작했다.

나중에 알게 된 사실인데 원래 나 같은 성격은 이벤트 팀에서 잘 안 받는다고 했다. 내성적인 사람은 면접을 보러 왔다가 도망가는 게 대부분이었다. 일을 시켜보아도 사람들 앞에 나서는 게 힘들어서 일을 안 하려고 하거나 금방 그만뒀다. 나도 안 뽑혀야 정상이었다. 난 아마 그때 당시 사람이 모자라서 뽑았던 것 같다. 사무실에 사람이 7명밖에 없었으니 인력난으로 날 뽑은 것 같다. 나중에 사람이 많아진 상태로 아르바이트 공고를 보고 전화가 온 사람에게 대표님이 항상 하는 첫 질문이 있었다.

"혹시 자기가 끼가 있다고 생각하세요?"

거기서 대답을 머뭇거리는 사람은 면접도 보지 않았다. 내가 처음에 전화했을 때 저 질문을 받았다면 끼가 없다고 말했을 거다. 그 뒤에 그래도 열심히 해보겠다 등의 말은 필요 없었다. 난 저 질문을 받지 않았고 일을 하게 되었다. 난 운이 좋았다고 생각했다. 그 날부터 내 인생을 바꾼 귀중한 경험을 하게 되었다. MCJ는 내 첫 아르바이트 장소가 되었다. 아르바이트의 의미보다 내 인생의 터닝 포인트가 되어 준 곳이다. 내 인생의 반을 나누라고 한다면 난 이 일을 시작하기 전과 후로 나눌 수 있다고 당당하게 말할 수 있다.

6개월간의 요절복통
무대 활동

　내가 간 팀은 돌잔치 전문 회사였다. 보통 돌잔치를 한다고 하면 2인이 한 팀이 되어 사회를 진행한다. 메인으로 마이크를 잡고 행사를 진행하는 메인MC. 적절한 타이밍에 노래를 틀어주고 행사가 매끄럽게 진행되도록 일을 도와주고 춤을 같이 쳐주는 보조 MC로 나뉜다. 팀마다 조금씩 차이는 있지만 내가 간 팀은 처음은 보조 MC를 하다가 시간이 지나면 능력과 하고자 하는 사람에 한정해 진행자로 올라가는 방식이었다. 처음 팀에 들어가면 우선 보조 MC가 해야 하는 교육을 받는다. 제일 처음 배우는 게 춤이다. 일단 춤 하나는 최대한 빨리 마스터해야 행사에 올라갈 수 있다. 팀에 들어가고 처음 배운 춤은 다른 팀에서 하루 안무만 외우고 끝냈던 그 춤이었다. 안무는 알고 있었기에 다시 배우는 데는 오래 걸리지 않았다. 춤을 배웠으니 그 주 주말에 바로 행사장을 갔다. 내 첫 번째 보조 MC를 하러 간 장소는 대구였다. 행사장은 예상했던 대로 뷔페였다. 홀이 총 4개가 있는 뷔페였는데 그 날은 행사가 3개 잡혀 있었다. 나를 포함해 총 4명이 대구를 갔다. 행사장에 도착해서는 음악 트는 타이밍을 배웠다. 쉬우니까 10분이면 충분하다고 했다. 내가 보기에는 아니었다. 노래의 종류도 많았고 노래마다 틀어야 하는 타이밍이 다 달랐다. 그걸 왜 연습 날 안 가르쳐주고 행사장 와서 가르쳐 주는지 이해가 안 되었다. 일단 어떻게든 외우고 첫 행사를 하러 갔다. 나에겐 첫날이라 한 건만 보조하고 나머지는 그냥 구경하라고 했다. 드디어 첫 보조 MC를 하러 홀에 들어갔다. 내가 메인이 되어서 하는 것도 아닌데 너무 긴장되었다. 행사 1개당 보통 30분이 소요된다. 그 30분 동안 계속 긴장 상태로 있었다. 다행히 큰 사고 안 치고 행사가 끝났다. 30분을 긴장하고 있었더니 또 위경련이 일어났다. 왠지 이번에도 위경련이 날 거 같아서 약을 챙겨 갔었다. 그 약을 먹고도 속이 불편해서 밥도 먹지 못했다. 그 날은 내 보조 MC 데뷔 날이기도 했지만, 돌잔치 행사 진행을 처음 본 날이기도 했다. 솔직한 감정은 너무 충격적이었다. 어떻게 다들 하나같이 떨지도 않고 말도 잘하는지 신기했다. 부러운 마음도 있었지만, 시간이 지나면 나도 저걸 해야 했다. 그걸 생각하니 막막했다. 겨우 행사 1개만 보조를 했을 뿐인데 정신이 힘들어서 그런지 너무 피곤했다. 집에 와서 거의 기절하다시피 잠이 들었다.

　다음 날도 행사하러 갔다. 두 번째 행사장은 창원이었다. 우리 집에서 멀지 않은 곳에 행사장이 있었다. 전날처럼 행사가 진행될 거라고 생각했는데 달랐다. 그 날은 홀의 개수도 많았고 행사 개수도 많았다. 더 큰 문제는 층도 두 개층을 사용하고 있었다. 행사 시간을 맞추기 위해선 두 층을 뛰어다녀야 했다. 짐도 많아서 들고 뛰려니 너무 힘들었다. 시간도 꼬여서 쉬는 시간 따윈 없었다. 그땐 일을 시작한 지 이틀 차라서 아무것도 모른 채 시키는 대로 뛰어다니기만 했다. 정신없이 약 2시간이 지났다. 다들 너무 뛰어다녀서 피곤한 상태였는데 행사도 잘 풀리지 않아서 분위기가 최악이었다. 짐 정리하고 퇴근 준비를 끝내고 밖을 나갈 때까지 대화가 거의 없었다. 너무 힘들어하는 우릴 보고 대표님께서 치킨에 맥주 한잔하러 가자고 했다. 나는 원래 술을 좋아하지 않는데 그 날 맥주 한 모금은 너무나 시원하고 맛있었다. 맥주가 한 잔 들어가니 그때야 대화가 이어졌다. 다들 그 날 서로 고생했다며 훈훈하게 마무리했다. 그렇게 내 인생 제일 정신없었던 주말이 끝이 났다.

우린 매주 목요일마다 모여서 연습을 했었다. 주로 대부분 춤 연습이었다. 원하는 사람에 한해서 사회자 교육도 해줬지만 난 들어온 지 얼마 되지 않아서 해당 사항이 없었다. 춤이란 걸 춰 본 적이 없으니 춤을 하나 배울 때마다 너무 힘들었다. 내 몸이 내 말을 안 듣는다는 게 무슨 의민지 알 것 같았다. 춤을 하나 간신히 배워 놓으면 또 배워야 하는 춤이 있었다. 기존에 있던 춤을 다 배우고 나니 유행에 맞게 계속 춤을 또 만들어 냈다. 그럴 때마다 그 춤을 다시 배우느라 애를 먹었다. 못하니까 뭐라고 하는 사람도 있어서 연습을 가기 싫었던 적도 많았다. 그럴 때마다 지금 도망치면 결국 나는 안 바뀐다고 채찍질했다. 배워야 할 춤이 꽤 많았는데 그럴 때마다 팀에 유일하게 나와 동갑이었던 친구가 나를 도와줬다. 연습 날 아닐 때도 내가 도와달라고 하면 언제나 나를 도와줬다. 그 친구 덕분에 전혀 늘지 않을 것 같았던 춤이 조금씩 늘기 시작했고 배워야 하는 춤 중 절반 이상을 배웠을 때쯤 또 재미있는 일이 생겼다.

내가 이벤트 팀에서 배운 게 참 많았는데 그중 하나가 운전이었다. 어느 날 나를 포함해서 대표님과 형 두 명이 같이 통영에 일하러 가고 있었다. 고속도로 요금소를 들어가기 직전에 대표님께서 너희는 왜 면허를 안 따냐고 뭐라고 했다. 생각해보니 회사 내에 운전할 수 있는 사람이 대표님과 실장님 두 분밖에 없었다. 나도 면허는 있었지만 차가 없어서 운전할 기회가 없다 보니 답답해하고 있었다. 이번 기회에 장롱 면허가 되는 걸 방지하고자 내가 운전을 해보겠다고 했다. 오랜만에 운전을 하는 거라 시동도 꺼트리고 난리가 났다. 통영으로 가는 그 한 시간이 나를 포함한 그 차에 탄 사람들에겐 공포였다. 원래 대표님이랑 형 두 명은 불편하다고 안전띠도 잘 안 매는데 그 날은 벨트에 손잡이까지 잡고 긴장을 하면서 갔다. 그래도 운전할 사람이 필요했던 터라 나에게 계속 운전 연습을 시켰다. 행사장 갈 때마다 운전을 조금씩 했는데 그때마다 대표님이 옆에 계셔서 조금 안심이 되었다. 어느 날 통영을 가야 하는데 그 날은 나랑 형 한 명만 가야 한다고 했다. 스케줄 때문에 어쩔 수 없었다. 대표님도 나에게 차를 넘기면서 오늘은 천천히 가라. 조심해서 가라는 말을 주문처럼 외우셨다. 그 날 다행히 아무 탈 없이 행사장에 도착했고 일을 끝내고 집으로 돌아올 때도 아무 사고 없이 왔다. 몇 번 더 왔다 갔다 해보니 운전도 할 만했다. 물론 벽에 긁는 사고는 많이 냈지만, 차에 흔적도 별로 남지 않았고 오래된 경차여서 대표님께서도 별로 신경 쓰지 않았다. 덕분에 운전 실력이 많이 늘었다. 나중에는 주말에 아예 경차 한 대를 나에게 맡겼다. 예전에는 행사장을 가야 되면 대표님이나 실장님이 운전 때문에 꼭 같이 갔어야 했다. 내가 운전을 하게 된 이후부터 우리끼리만 갔다. 원래도 놀기 좋아하는 사람들인데 통제할 사람 없이 일하러 갔으니 자연스럽게 놀기 시작했다. 물론 일은 다 끝내 놓고 남는 시간에 해수욕장도 가고 관광지도 갔다. 해야 할 일이 뭔지도 알고 운전도 할 줄 알게 되고 차가 생기니 더 좋은 사람들을 만날 기회가 생겼다.

팀에 3개월 있는 동안에 많은 사람이 왔었다. 대부분 면접 날 이후로 본 적이 없고 정말 끼 있고 재밌는 사람들만 회사에 남았다. 이제 배워야 하는 춤도 다 배웠고 운전도 배웠다. 운전할 줄 알게 된 이후부터 난 줄곧 통영으로 갔다. 계속 통영으로 갈 것 같아서 행사장에 모든 걸 알려고 노력했다. 그 덕분에 통영으로는 대표님이나 실장님이 오시지 않았다. 그 당시에 같이 통영에 일하러 다녔던 사람이 두 명 더 있었다. 우리 3명은 마음이 잘 맞았다. 감시하는 사람이 없으니 분명히 일하러 간 건데 기분은 놀러 가는 기분이었다. 일 끝나면 영화도 보러 가기도 했다. 평일에 따로 시간을 내어서 회사에서 준 경차를 타고 동피랑 마을에 여행을 가기도 했었다. 스트레스도 트러블도 없이 일했던 시기였다. 이 사람들과 계속 일을 했으면 좋겠다는 생각을 했었다. 아쉽게도 서로의 개인 사정 때문에 각자의 길을 가기로 해서 그 바람은 이루어지지 않았다.

나도 원래 메인 MC가 될 수 있는 교육을 받아야 했었다. 실제로 교육을 받긴 했지만 메인으로 서진 못했다. 워낙 끼도 없고 말도 잘 못 했기 때문에 교육 기간이 길었다. 심지어 교육을 받던 도중 성대 수술을 해야 했다. 수술이 끝나고 회복 기간은 큰 목소리를 내면 안 되어서 교육도 메인에 설 기회도 연기되었다. 이제 회복을 다 하고 연습을 하려고 하니 군대 영장이 나왔다. 두 달 후에 군대에 가야 해서 그냥 배우지 않겠다고 했다. 군대 영장이 나와서 이제 가족들과 여행도 다니고 싶었다. 입대 한 달 전에 일을 그만두겠다고 했다. 일을 그만두고 부모님과 주말에 가지 못했던 여행을 다녔다. 한 2주 정도 주말에 여행을 갔다 오니 이젠 따로 더 가고 싶은 곳이 없었다. 일은 그만두었지만, 행사가 너무 하고 싶기도 했고 일을 도와달라고 계속 연락이 와서 결국 입대 이틀 전까지 일했다. 행사하러 자주 갔던 통영 뷔페에도 내가 군대에 간다고 일을 그만둔다고 말을 했었다. 근데 입대 이틀 전에 갑자기 일하러 오니 군대 안 갔냐고 물어봤다. 이틀 뒤에 간다고 하니 사람들이 잘 갔다 오라고 장난도 쳐줬다. 입대하면서 파란만장했던 6개월간의 이벤트 아르바이트가 끝났다.

변화하는 내 모습을
발견하다

　중학교 때 자존감이 바닥을 친 이후부터 시간이 지남에 따라 조금씩 변하려고 노력했다. 성격을 고치고 싶은 마음이 컸기에 거기에 쏟아부은 시간과 에너지는 엄청났다. 고등학교 때 3년 동안 노력을 했지만 크게 바뀌진 않았다. 대학 동기들 앞에서 과제 발표를 하는 것만으로도 토를 했으니 고쳐진 건 없었다. 3년 넘게 노력해도 바뀌지 않던 내 성격이 6개월 만에 완전히 바뀌었다. 처음 이벤트 아르바이트를 할 땐 솔직히 너무 떨려서 도망가고 싶었다. 다른 사람들은 어떻게 저 많은 사람 앞에서 태연할 수 있겠느냐는 부러움뿐이었다. 처음 보는 사람들 앞에서 춤을 추려고 하니 너무 민망했다. 같이 일하는 형에게 질문했다.

　"어떻게 하면 떨지 않고 잘 할 수 있어요?"

"거기 오는 손님들은 오늘 보고 말 사이잖아. 내 밑바닥을 보여준다고 생활이 바뀌는 것도 아니고 나를 잡아먹을 것도 아닌데 뭐하러 떨어?"

맞는 말이었다. 손님들 대부분은 그 날 처음 본 사람이고 이후로 마주칠 일이 없었다. 심지어 우리가 유니폼을 갈아입으면 그 자리에서 못 알아보는 경우도 많았다. 이 말을 듣고 나니 행사장에서 더 망가져 보는 것도 괜찮겠다 싶었다. 그 이후로 폭탄 머리 가발도 써보고 웃긴 선글라스도 써 보는 등 더 망가져 봤다. 사람들의 반응은 정말 좋았다. 재미있다고 박수도 쳐주고 환호도 보내주니 더 용기가 생겼다. 그때부턴 여유가 생기기 시작했다. 다른 MC들이 어떻게 진행하는지 들리기 시작했다. 그게 들리고부터 행사가 더 재미있게 다가왔다. 너무 재미있었다. 이제 일주일의 활력이 되어버렸다. 주말 일이라서 친구들과 놀러 가는 걸 못할 때도 많았다. 괜찮았다. 내가 주인공은 아니었지만, 무대가 재미있어지기 시작했다. 무대에 올라가고 싶어졌다. 3년을 고쳐도 안 된 무대에서의 공포가 단 몇 개월 만에 해결됐다.

혼자서 뭔가를 하는 것보다 여럿이서 뭔가를 하는 게 더 재미있는 것 같다. 고통을 나누면 반이고 즐거움을 나누면 배라는 말이 있다. 내 생각을 덧붙이자면, 창피도 나누면 반이다. 하루는 같이 일하는 형의 생일이었다. 회식 겸 생일 파티를 위해 대부분 인원이 모였다. 바빠서 잘 못 만났던 사람들도 만나서 이야기도 나누고 술도 마셨다. 기분이 좋아졌다. 나만 좋아진 게 아니라 같이 있던 사람들 단체로 기분이 좋아졌다. 기분이 좋아진 채로 밖을 나왔다. 그냥 헤어지기 아쉬웠다. 집에 가기 전에 차에 가서 음악을 크게 틀고 길에서 팀원들과 같이 춤을 췄다. 무슨 용기가 나서 그런지 모르겠지만 춤을 추는 동안에는 쪽팔림보다는 재미있다는 생각밖에 나지 않았다. 불과 몇 달 전만 해도 꿈도 못 꿨을 그런 행동이었다. 술기운도 있었지만 함께여서 가능한 일이었다. 그 날은 길에서 춤판을 벌이고 집으로 갔다. 이후로 길에서 술을 마시고 춤추고 그런 건 없어졌지만 춤을 안 춘 건 아니다. 행사장 외에서도 춤은 많이 췄다.

6개월 동안 이벤트 팀에 있으면서 정말 잘 배워뒀다고 생각하는 게 한 가지 있다. 당시에 전 세계적으로 유명했던 싸이의 '강남스타일'이었다. 전체 안무를 다 배운 건 아니었다. 행사 때 쓸 수 있게 곡을 잘라서 그 부분의 안무만 배웠다. 일부 안무만 배웠어도 대유행이었던 강남스타일의 안무를 남들보다 조금 더 많이 안다는 건 여러모로 편했다. 처음 이 안무를 배우고 행사 때 사용한 날이 아직도 기억에 남는다. 늘 같이 일하던 형과 강남스타일 안무를 배우고 처음으로 행사 때 써보기로 했다. 좀 더 재미있게 하려고 led 장갑과 안경도 준비했다. 늘 하던 행사이지만 그 날은 분위기가 조금 달랐다. 대부분 돌잔치에서 하객들 연령대가 어리지 않은데 그 날은 학생들이 많았다. 알고 보니 아기 부모님이 학교 선생님들이셨다. 그 제자들이 많이 와서 분위기가 상당히 좋았다. 행사 준비에 한창인데 학생들이 와서 응원도 해주었다. 행사를 시작하는데 반응이 폭발했다. 말 한마디에 모두 반응을 해주었다. 형과 내가 드디어 춤을 추려고 무대에 나가서 전주가 나오는데 반응이 폭발적이었다. 그 기에 눌러서 박자도 놓쳤다. 춤이 딱 끝났을 때 온몸을 때렸던 전율을 아직도 잊지 못하겠다. 사람들에게 야유가 아닌 환호와 박수를 받고 나니 이젠 완전히 사람들 앞에 나서는 게 무섭지 않았다. 오히려 앞에 나서고 싶게 되었다. 이때 강남스타일을 배운 게 군대에 가서도 도움이 될 줄 꿈에도 상상 못 했다.

2013년 1월에 군대에 갔다. 훈련소에서 각 훈련을 잘 해내면 상점을 주는데 일정 상점을 넘으면 전화 통화를 할 수 있게 해주었다. 훈련소에서 포상 전화는 가뭄에 단비 같은 존재이면서 잡힐 듯 안 잡히는 신기루 같은 존재였다. 난 훈련을 잘 이행하지 못하고 간신히 턱걸이로 훈련을 통과했다. 내게는 상점으로 포상 전화를 탈 수 없는 그런 상황이었다. 심지어 3주 차부터 감기가 심해지면서 목소리도 안 나오고 체력도 점점 떨어져 갔다. 어느 날 야외에서 숙영하는 훈련을 했다. 한겨울에 텐트를 치고 산에서 자려니 추워 죽겠고 컨디션도 안 좋아서 힘들었다. 하루 훈련이 끝나고 저녁을 먹기 직전 갑자기 어디선가 음악이 들려왔다. '강북 멋쟁이'라는 음악이었다. 소대장님 중 한 분이 이 노래에 맞춰 춤을 추는 사람에겐 전화할 기회를 주겠다고 했다. 그때 정말 아까웠다. 내가 입대 날짜가 정해지면서 교육을 받을 필요가 없어서 이제 연습 날에 안 나가기 시작했는데 그때 '강북 멋쟁이' 안무를 배웠기 때문이었다. 그 노래의 안무를 모르니 섣불리 나갈 수가 없었다. 그냥 노래에 맞춰 막춤을 추는 병사들은 있었지만, 그것도 한두 명뿐이었다. 나는 마음속으로 제발 '강남스타일'을 틀어 달라고 외쳤다. 목소리만 나왔으면 그 노래를 신청했을 텐데 목소리가 안 나와서 답답했다. 그때 누군가가 강남스타일을 외쳤다. 다행히 소대장님이 그걸 듣고 바로 강남스타일을 틀어 주셨다. 이건 기회였다. 난 바로 인파를 뚫고 많은 사람 한가운데 작은 운동장만 한 텅 빈 곳으로 갔다. 나가면서 다른 사람들 보곤 들어가라는 손짓을 하면서 나갔다. 이제 이 무대는 내 것이라는 동작을 취하고 나서 바로 춤을 췄다. 그때 내 모습은 방탄 헬멧에 단독 군장에 총까지 뒤로 메고 얼굴엔 위장까지 한 상황이었다. 모습은 웃길지 몰라도 춤을 췄다. 춤이 끝났을 때 역시 박수를 받았다. 그 많은 사람에게 박수를 받으니 기분이 너무 좋았다. 근데 그 박수보다 기분이 좋은 건 따로 있었다. 많은 사람 앞에서 춤을 출 수 있었다는 내 용기보다 인정을 받았다는 박수보다 그냥 그 전화 한 통 할 수 있었던 게 더 기분이 좋았다. 이때 강남스타일을 배워두길 정말 잘했다고 생각했다.

난 논산훈련소를 나왔는데 그곳에서 춤을 춘 건 저 때가 끝이 아니었다. 전역하고 얼마 후 같이 이벤트 팀에 있던 동생이 군대에 가야 했다. 잘 갔다 오라고 말을 했는데 알고 보니 부모님이 그 날 바빠서 같이 논산으로 못 간다고 했다. 워낙 친했던 동생이라 혼자 쓸쓸하게 보내기가 싫었다. 다음 날 이벤트 팀 대표님께서 전화가 왔다. 본인이 논산까지 차로 데려다주고 싶은데 거리가 너무 멀어서 엄두가 안 난다고 했다. 나만 괜찮다면 같이 가는 게 어떻겠냐고 하길래 같이 가겠다고 단번에 말했다. 드디어 입대 당일 수료식 이후로는 다시는 안 갈 줄 알았던 논산을 갔다. 같은 팀 동생 두 명이 같이 와서 잘 가라고 배웅을 해 줬다. 그렇게만 보내기 아쉬웠다. 잘 가라는 마음을 담아 그 자리에서 춤을 췄다. '파이팅'이라는 제목의 노래로 춤을 췄다. 입대하는 동생도 같이 췄다. 다른 사람들은 울고불고 난린데 우리는 웃으면서 춤까지 추고 있었다. 춤을 다 추고 웃는 모습으로 잘 가라는 인사를 나누고 동생을 보냈다. 그 모습을 보고 있던 소령 한 분께서 오시더니 이런 입대 모습은 처음 보는 거라고 하셨다. 동생 잘 부탁드린다는 말을 하고 집으로 왔다. 이제는 많은 사람 앞에서 춤을 춰도 전혀 떨림이 없었고 민망함도 없었다.

일을 시작하고 나선 발표를 할 때 떠는 일이 없었다. 처음 이벤트 아르바이트를 하겠다고 마음먹게 했던 프레젠테이션도 익숙해졌다. 조별 과제를 할 때면 언제나 내가 발표를 맡았다. 정식으로 사회를 맡아서 본 적이 없기에 다른 사회자들보다 말을 잘 하진 못했지만, 발표할 때 떨림이 없어진 것만으로도 나에게 큰 도움이 되었다.

군대에서의 깨달음

6개월간의 길다면 길고 짧다면 짧은 이벤트 아르바이트를 뒤로하고 군대에 갔다. 6개월 동안 바뀌었던 성격은 군대에서도 도움이 되었다. 물론 포상이 목적이었지만 많은 사람 앞에서 강남스타일을 췄던 것도 성격이 바뀌었기에 가능한 일이었다. 성격이 바뀌지 않았다면 결코 알지 못했을 것도 군대에서 알게 되었다. 자대에 배치받았을 때는 일도 잘 못 하고 적응을 못 해서 많이 혼났다. 부족한 것 많고 혼나는 게 일상인 나였지만, 운은 엄청 좋았다. 훈련 때마다 간부님들 눈에 많이 띄었다. 훈련할 때 실수로 1등을 해서 포상 휴가를 받기도 하고 화생방에서 나올 때 웃으면서 나와서 포상을 받기도 했다. 그 외에도 포상이란 포상은 내가 다 쓸어갔다. 간부님들의 지지로 자신감도 얻었다. 그때부턴 군대 생활에 조금의 여유가 생겼다. 달라진 성격 덕분에 선임들에게 더 다가가기 편해졌다. 선임들에게 먼저 다가가고 같이 이야기도 많이 하는 등의 일이 많아졌다. 여유로워지니 여러 사람과 이야기 할 기회도 많아졌다. 대부분의 이야기 주제는 군대에 오기 전에 무엇을 했는지 전역을 하면 무엇을 할 건지였다. 지금 그런 주제로 이야기를 하라고 하면 재미없고 조금은 오글거릴 수도 있지만, 당시에는 이 이야기가 제일 재미있었다. 군대는 정말 별의별 사람들이 다 모이는 곳이었다. 그 많은 사람 중 밖에서 뭘 했는지 전역을 하고는 뭘 할 건지 겹치는 사람이 단 한 명도 없었다. 학교 선생님을 하다고 온 사람도 있었고 요리사, 격투기, 유도, 디자이너, 댄서 등등 내가 해보지 못한 상상도 못 한 일들을 많이 듣게 되었다. 그 사람들의 이야기를 듣고 있으니 저런 일도 해보고 싶다는 막연한 생각을 하게 되었다. 군대라는 특수성 때문에 군대 내에서 할 수 있는 일은 별로 없었다. 그 때문에 전역하고 기회가 되면 한 번 도전 해봐야 지라는 생각만 하고 있었다. 그러던 어느 날이었다. 새벽 3시에 야간 근무를 나갔다. 내 후임과 2인 1조로 나갔는데 자다가 누군가 깨워서 억지로 서 있으면 정말 잠도 오고 지겹다. 졸거나 잡담을 나눠서는 안 되지만 조는 것보단 잡담이 나을 것 같아서 후임과 이야기를 했다. 별로 영양가 없는 이야기가 오고 가다가 궁금한 거 있으면 물어보라고 하니 후임이 나에게 질문을 했다.

"꿈이 뭡니까?"

질문을 듣고 바로 잠이 깼다. 잠은 깼으나 답을 하진 못했다. 옛날에는 허무맹랑하긴 했지만 꿈은 있었다. 근데 지금은 그 간단한 다섯 글자의 질문에 답을 찾지를 못했다. 많은 사람의 이야기를 들으면서 막연하게나마 해보고 싶었던 게 많아졌기 때문에 그중에 선택할 수가 없었다. 하나를 선택하게 되면 나머지는 다 포기해야 하는 느낌이었다. 결국, 그 날 답을 하지 못하고 피곤했지만 잠도 안 자고 이 질문에 대한 답을 찾으려고 했다. 그때 버킷리스트라는 단어가 생각이 났다. 내가 하고 싶은 일이 뭘까 노트에 적어보기 시작했다. 꽤 많이 나왔다. 노트 제일 앞부분에 꿈이라는 단어를 적으니 뭔가 개운했다. 그걸 보면서 생각했다. 지금부터 내 꿈은 이 버킷리스트를 다 해 보는 게 꿈이다. 영화관에서 혼자 영화 봐보기 등 사소한 것들도 있었고 격투기나 댄스에 도전하기 등 나에게 벅찬 것도 있었다. 적고 보니 잘할 수 있을까 겁이 났다. 그 겁을 떨쳐내지 못하면 전역을 해서도 아무것도 못 할 것 같았다. 다행히 전역 전에 용기를 가질 수 있는 깨달음의 계기가 생겼다.

어느 날 부대 진지 공사를 할 때였다. 막사 뒤쪽에 산이 있었는데 그 산 중간까지 우리가 해야 하는 진지 공사 범위였다. 우리가 해야 했던 일이 산 중간 철조망 아래에 시멘트질을 하는 거였다. 시멘트질을 하기 위해선 도구들을 들고 가야 했다. 시멘트 가루와 물을 옮겨야 하는데 너무 무거웠다. 시멘트 가루는 어떻게든 옮겼는데 물은 생각했던 것보다 훨씬 힘들었다. 큰 통에 물을 가득 담고 가니 무거운 것도 문제지만 움직일 때마다 물이 넘쳐서 옷이랑 신발이 젖었다. 넘쳐서 버린 물만큼 또 떠와야 해서 힘들었다. 그때 선임들을 봤는데 그 무거운 것들을 쉽게 들었다. 성격은 외향적으로 바뀌었을지언정 아직 몸이 약한 건 바뀌지 않았다. 막연하게 몸을 단련해야겠다는 생각을 하게 되었다. 그 생각을 하게 되었을 당시 내 계급이 높지 않았다. 청소나 빨래 등 해야 할 잡일이 많았다. 시간이 없어서 운동을 꾸준히 하지 못했다. 솔직히 그건 핑계였다. 군대에서 운동을 정말 열심히 해 본 적이 없었다. 안 하던 걸 하려니 힘만 들고 귀찮다가 이유였던 것 같다. 계급이 올라가고 시간에 여유가 있어 졌음에도 운동을 안 했으니 그 이유가 맞는다고 본다. 운이 어느 정도 따라 줬기에 운동의 필요성을 느끼지 못했다. 열심히 안 하니 운동을 해도 근력이나 근육이 느는 것 같지가 않아 흥미도 없었다. 그럴 때 한 가지 깨달음을 얻게 되는 계기가 생겼다. 내가 분대장이라는 직책을 막 달았을 때 일이다. 한동안 가지 않던 분대장 교육 파견을 가야 한다고 했다. 심지어 훈련이 끝나고 이틀 후에 바로 가야 한다고 했다. 말이 좋아 교육이지 미리 공부하고 약 2주간 그걸 평가하는 곳이었다. 우리 중대에선 나를 포함해서 동기 한 명, 한 달차 선임 한 명 총 세 명의 분대장 파견이 예정되어 있었다. 훈련 기간이라 힘든 와중에도 잠도 못 자고 파견 준비 공부를 했다. 훈련이 끝나고 쉬지도 못하고 간 파견에서 우리는 상당히 당황했다. 평가 방법이 이전과는 완전히 바뀌었다는 것이다. 우리가 지금까지 공부했던 것들은 이제는 평가 항목이 아니었다. 사격도 안 하는 거로 알고 있었는데 평가 항목에 있었다. 나와 내 동기는 원래 권총 소지자여서 소총을 파견 중에만 임시 지급된 상황이었다. 즉 한 번도 그 총으로 사격을 해 본 적이 없었다. 우리가 알던 것과 상황이 너무 달라서 부대에 전화했다.

"미안하다. 우리가 훈련 중이라서 공문이 온 걸 몰랐다. 어쩔 수 없으니 간 김에 많이 배우고 와라."

무책임하게 들렸지만, 진짜 어쩔 수 없었다. 다른 부대에서 파견 온 분대장들은 미리 바뀐 공부 내용을 숙지해 왔다. 내용을 대충 다 알고 있어서 등수를 올리기 위해 정말 열심히 했다. 밤이 새도록 공부를 했다. 우린 그냥 자포자기였다. 새로 바뀐 교제도 없었고 부대에서도 대충 보냈으니 우리도 대충 하자는 마음이었다. 교육을 약 5일간 받고 주말을 쉬고 남은 기간 동안 계속 테스트를 받는 식이었다. 과목별로 테스트를 진행하는데 pass를 받지 못하면 그 과목은 파견 동안 하루 한 번 재시험을 받을 수 있게 해주었다. 공부를 안 한 우리는 당연히 다 불합격을 받았다. 나중에는 파견 담당 간부님이 우리를 불러서 말했다.

"처음에는 너희 보면 부대에서 너무 무책임해서 화가 났는데, 지금은 부대가 너희를 너무 신경 안 쓰는 거 보니까 이제는 너희가 불쌍하다."

기분이 안 좋았다. 왜 안 좋았는지는 잘 모르겠다. 간부님의 표정이 연민이 아닌 한심함이 보여서였을까. 근데 나만 기분이 나빴던 게 아니었다. 같이 있던 두 명도 기분이 나빴다고 했다. 앞으로 재시험의 기회가 몇 번 남아 있었다. 처음에는 재시험을 신경 안 썼었다. 한심하다는 표정을 보고 나서는 오기가 생겼다. 그 날 저녁에 이미 합격을 한 다른 분대장들에게 교제를 빌려달라고 했다. 전부 다 빌려서 그 날 저녁부터 미친 듯이 공부를 했다. 다음 날 재시험 때부터 한 과목씩 합격하기 시작했다. 턱걸이 합격이 아니라 고득점으로 합격했다. 대부분의 머리 쓰는 시험이 다 끝날 때쯤 우리에게 가장 큰 벽이 기다리고 있었다. 바로 사격이었다. 일단 내 총이 아니었기에 잘 안 맞는 것도 있었다. 그것보다 더 큰 문제가 있었다. 당시에 나와 내 동기는 안경을 썼다. 시가지 전술 사격을 할 때 방독면을 껴야 하는데 그땐 안경을 벗어야 했다. 원래 방독면을 착용할 때 시력이 나쁜 사람을 위해 방독면에 쓸 수 있는 렌즈를 준다. 나와 동기는 직책상 남들과는 다른 방독면을 받아서 그 렌즈는 쓸 수가 없었다. 0.1의 시력으로는 표적이 보이지 않았다. 사격에서 계속 탈락하니까 어찌해야 할지 몰랐다. 혹시나 하는 마음에 방독면 위에 안경을 써보니 생각보다 불편하지도 않고 잘 보였다. 안경을 방독면 위에 끼고 사격을 했던 사람이 교육 기간에 한 명도 없었다고 했다. 그래서인지 내가 사격하는 동안 간부님 한 분이 날 따라 다니면서 사진을 찍었다. 그 날 나는 사격 테스트를 통과했다. 준비 부족으로 시간 안에 모든 테스트를 통과하진 못했지만 한 가지 깨달은 게 있었다. 간절히 하고자 하면 못할 거 없다는 걸 알게 되었다. 파견에서 복귀한 나는 정말 미친 듯이 운동을 했다. 하고자 하면 할 수 있다는 마음으로 했다. 전역 전까지 운동을 꾸준히 했더니 살도 10kg 넘게 빠지고 근력도 좋아졌다. 그때 정말 뭐든지 할 수 있을 거라는 용기를 얻게 되었다. 그 용기로 나를 변화시킬 수 있는 도전을 하기로 했다.

제3장
이기는 삶을 위한 도전
'극복'

성격도 내성적이고 몸도 약했기에 뭔가를 도전할 때마다 극복해야 할 산이 너무 많았다. 그 과정은 너무나 힘들고 두려워 보였다. 가장 나를 두렵게 만든 것은 도전한 것에 대해 잘해야 한다는 자신의 압박감이었다. 시작도 안 했는데 연습이 힘든 걸 두려워하고 잘 하지 못할 걸 두려워했다. 처음으로 MC라는 아르바이트에 도전한 이후 일단 해 보자는 용기를 얻었다. 군대를 전역한 이후에는 마음만 먹으면 못 할 것 없다는 용기도 얻었다. 이제 도전할 일만 남았다.

마술

나는 어렸을 때부터 마술을 좋아했다. 언제부터 좋아했는지 잘 기억이 나지 않지만, 인터넷이 집에 설치되기 전부터 티브이에서 나오는 마술 프로그램은 항상 봤던 것 같다. 기억으로 마술을 처음 독학하기 시작한 건 초등학교 3학년 때였다. 그땐 마술이 보편화 되어 있지 않아서 학원에 다닌다거나 강사를 부를 수 있는 건 아니었다. 그냥 인터넷이나 책을 보고 하는 게 고작이었다. 첫 시작은 책이었다. 그때 한창 이은결이라는 젊은 마술사가 인기를 끌고 있었다. 부모님을 조르고 졸라 이은결 마술책 한 권을 샀다. 어린이용 마술책이었는데 처음 책을 봤을 때의 느낌은 정말 신세계였다. 그때 내게 마술이라는 건 카드로만 하는 건 줄 알았는데 동전이나 지폐 심지어 연필도 마술 도구가 될 수 있다는 걸 알게 되었다. 몇 가지를 연습해서 다음 날 친구들에게 보여줬다. 재미있어하긴 했지만, 반응은 생각보다 크지 않았다. 티브이나 인터넷 영상에서 보던 그런 반응을 기대했기에 당황스러웠다. 그땐 나의 문제점을 알지 못했다. 그냥 너무 쉬운 마술을 해서 그런 거라고 생각을 했다. 조금 더 어려운 마술을 알고 싶었고 화려한 걸 해 보고 싶었다. 또 한 권의 책을 샀다. 이번엔 조금 더 화려한 마술을 배울 수 있을 거라고 생각했다. 책을 펼쳤을 때 기분은 실망감이었다. 내가 원했던 마술이 없었기 때문이다. 앞서 샀던 책과 비슷한 맥락이었다. 손기술이 필요해서 어렵기만 하고 화려함은 없었다. 그 뒤로 책에 손이 가지 않았다. 그저 어떻게 하면 화려한 마술을 할 수 있을까? 그 생각밖에 없었다. 그때 내 눈에 들어온 게 마술 도구였다. 저런 게 있으면 나도 마술사처럼 할 수 있을 것 같았다. 용돈을 모아서 도구를 샀다. 물론 가격은 비싸지 않은 거로 샀다. 처음 도구를 받았을 때의 그 느낌은 말로 표현이 안 되었다. 티브이에서나 보던 그 마술을 어떻게 하는지 알게 되었다는 것과 그걸 내가 할 수 있다는 기대감에 설레었다. 몇 번 연습을 해보고 다른 사람에게 보여줬다. 원했던 반응까지는 아니었지만 나쁘지 않았다. 그 날 이후로 마술 도구를 사는데 빠져버렸다. 낱개를 살 때도 있고 세트를 살 때도 있었다. 도구를 많이 샀으니 다른 사람들에게 자랑하고 싶어졌다. 하루는 마음먹고 친구들에게 마술을 보여줬다. 난 내가 신기하다고 느꼈던 그 감정을 친구들이 그대로 느낄 줄 알았다. 결과는 참담했다. 반응이 너무 없었다. 신기해하는 표정도 없었다. 이런 말도 들었다.

"그래서 그게 뭐 어쩌라고?"

이 반응을 보고 나니 자신감이 사라졌다. 그때부터 마술은 남에게 보여주기 위함이 아니라 단순히 내 만족감을 위한 수단이 되었다. 초등학교 때까지 마술을 좋아하고 중학교를 진학한 후에는 마술을 하지 않았다. 마술을 해봐야 그때와 같은 반응이 나올 것 같았고 그땐 여러 의미로 자신감이 없던 시절이었다. 고등학교 졸업 때까지 마술이라는 걸 잊고 살았다. 어느 날 집에서 티브이를 보는데 마술 프로그램을 하는 것을 봤다. 옛날에도 티브이에서 마술 프로그램을 하기는 했지만 이렇게 여러 채널에서 한 적은 없었다. 채널을 돌릴 때마다 마술이 나오니 다시 한번 마술을 해보고 싶어졌다. 나의 문제점을 그때도 잘 몰랐기에 다시 같은 실수를 반복했다. 마술 도구 사이트를 찾기 시작한 것이다. 신기해 보이는 도구들을 장바구니에 담고 있다가 우연히 한 사이트를 발견했다. 그 사이트의 도구는 별로 특별한 게 없었다. 오프라인 매장이 주력이기 때문이라고 적혀 있었다. 그 오프라인 매장이 우리 집이랑 멀지 않은 곳에 있었다. 너무 반가웠다. 독학으로 하기에는 문제점이 뭔지도 몰랐고 한계도 명확했다. 주소를 검색해서 찾아가 보니 생각했던 분위기와는 달랐다. 해리 포터에 나오는 호그와트와 같은 인테리어일 줄 알았는데 창고 같은 이미지여서 솔직히 실망이었다. 그건 첫 이미지였을 뿐 설명을 듣자 생각이 바뀌었다. 그 가게에는 현직으로 활동하시는 마술사들도 많았고 도구도 인터넷에서 보지 못한 게 많았다. 인터넷에서는 내가 일일이 도구를 다 보고 어떤 상황에서 쓸지 생각을 해야 했었다. 오프라인 매장에서는 상황을 말해주면 그에 맞는 마술을 추천해 줘서 너무 편했다. 그 날 마술 도구를 두 개를 샀다. 가게에서 산 도구는 그 자리에서 배울 수 있었다. 현직 마술사가 나를 가르쳐주니 효과는 확실히 좋았다. 다음 날 그 마술을 사용했을 때 사람들의 반응은 너무 좋았다. 그 반응이 너무 재미있어서 마술을 좀 더 하고 싶다는 생각이 들었다. 그때 내 눈에 들어온 게 한 가지가 있었다.

　매년 초에 각 대학교에서는 동아리 회원을 모집하기 위해 캠퍼스 내에서 홍보한다. 우리 학교 역시 캠퍼스 가장 중앙에 부스를 설치해서 홍보 및 상담을 해준다. 홍보 책자도 나눠주는데 대충 봐서 딱히 끌리는 동아리가 없었다. 책자를 버리려다가 시간이 남아서 한 번 꼼꼼하게 읽어보았다. 그때 끄트머리에 눈에 확 뛰는 동아리 하나를 발견했다. 마술 동아리였다. 이건 꼭 해보고 싶었다. 다음 날 홍보 부스가 모여 있는 곳으로 갔다. 동아리는 각자 마스코트를 내세워 홍보하고 있었다. 근데 마술 동아리 부스는 보이지 않았다. 그 날은 홍보를 안 하는 날인가 하고 돌아왔다. 다음 날도 가 보았지만 역시 없었다. 다음 날도 그다음 날도 홍보하지 않았다. 그 동아리는 꼭 가입하고 싶어서 동아리 방에 직접 찾아가 보기로 했다. 수업이 끝난 후 가 보니 문이 잠겨 있었다. 다음 날 다시 찾아 가 보니 문이 열려 있었다. 떨리는 마음으로 노크를 하고 들어가니 설마 했던 현실을 마주했다. 동아리 방 안은 텅 비어 있었고 이젠 활동하지 않는 동아리라고 했다. 어느 정도 예상은 했지만 아쉬웠다. 이제 어디서 마술을 배울 수 있겠느냐고 낙담을 했다. 그때 마술 도구 가게에서 반가운 이야기를 들었다. 그 가게에서 마술 수업도 진행한다는 것이었다. 난 별로 고민을 하지 않고 바로 하겠다고 했다. 마술 도구 비용이 포함된 수업비를 내고 마술사분과 시간 조율을 했다. 수업은 1:1로 진행되었다. 첫 수업 때 어떤 종류의 마술을 배우고 싶은지 물어봤다. 가장 배우고 싶은 마술은 역시 카드 마술이었다. 마술=카드라는 인식이 나에게 있어서 카드 마술은 나에게 로망이었다. 그다음으로 배우고 싶은 마술은 길거리마술이었다. 길거리에서 갑자기 할 수 있는 마술이 늘 멋있어 보였다. 그 두 마술에 초점을 두고 수업을 진행하겠다고 했다. 우선 마술용 카드를 받았다. 집에도 카드가 많긴 했지만, 도구 비가 포함된 가격으로 듣는 수업이라 일단 받았다. 첫 카드 마술을 배우는 시간에 나의 심각한 문제점 두 가지를 알게 되었다. 첫 번째는 다한증이었다. 마술용 카드의 재질이 플라스틱이 아니라서 물에 젖기 쉬운데 땀 때문에 카드가 번번이 못 쓰게 되었다. 마술 연습을 하고 나면 카드를 한 장씩 말려야 하는 상황이었다. 카드 마술은 나와 상성이 많이 안 좋았다. 두 번째 문제점은 연출력이었다. 똑같은 마술을 해도 어떻게 말을 하고 행동을 하느냐에 따라 효과는 천차만별이었다. 예전에 내가 친구들에게 마술을 보여줬을 때도 반응이 안 좋았던 이유가 그거였다. 아직도 연기력이 받쳐주지 않아서 마술할 때마다 조마조마한데 예전에 도구 탓만 했으니 실력은 늘지 않고 핑계만 는 셈이었다. 마술을 배우면서 이 문제점들을 조금씩 보완해 갔다. 학원에서 마술을 배우다 보니 소극장에서 하는 마술 공연에도 초대를 받았다. 친구를 데리고 소극장에 갔다. 공연 영상은 많이 봤지만, 실제 마술 공연을 보는 건 처음이었다. 마술을 배우지 않는 친구보다 내가 더 들떠 있었다. 마술사 한 분 한 분의 실력은 역시나 대단했다. 그때 '아 공연할 때는 저렇게 하는구나. 저런 식으로 말을 하면 재미있겠구나.'라는 걸 느꼈다. 다른 마술사분들도 소개를 받아서 공연장도 따라가고 준비도 도와주면서 마술 공연의 뒷모습도 보게 되었다. 조금씩 마술에 대한 자신감이 올라가고 있을 때 한 가지 부탁을 받게 되었다. 아는 분께서 크리스마스이브 날 어린이집에서 산타 분장을 하고 마술 공연을 해 달라고 한 것이었다. 일단 수락을 하고 어떤 마술을 할까 고민했다. 어린이의 눈높이에 맞게 준비를 하고 분장을 하고 어린이집에 도착했다. 나름대로 마술사로서의 데뷔전이었다. 준비도 열심히 했다. 그 날의 결론부터 말하면 망했다. 너무 떨려서 원했던 방향으로 이끌고 가지를 못 했다. 그 날 내가 뭘 못했고 뭐가 부족했는지 고민하고 개선해 나갔다. 그 이후로 실력이 조금씩 더 좋아졌다. 큰 무대에는 서지 않지만, 소규모의 사람들 앞에서 하는 마술은 자주 하게 되었다. 내 주 무대는 술자리, 학교, 학원, 카페가 되었다. 실패도 몇 번 겪었지만 그 덕분에 어떻게 대처해야 할지 알게 되고 여유로워졌다. 지금도 한 번씩 사람들의 요청에 한, 두 가지 보여주는데 이제는 잘 한다는 소리와 원하는 반응을 보게 되었다. 그렇게 나의 도전은 나름의 만족으로 끝났다.

권투

내 인생에 있어 첫 번째 운동은 태권도였다. 약 6년간 수련했고 가장 오래 한 운동이기도 했다. 물론 도움도 많이 되었다. 태권도 교류 차원에서 일본, 중국도 갔다 왔고 시범 대회도 나가 보고, 시범 공연도 많이 다녔다. 군대에서도 단증이 있어서 태권도 수업을 듣지 않아도 되는 등의 득을 봤다. 아쉬움이 남는 점도 있었다. 발목을 너무 자주 다쳤다. 덕분에 오래 걷거나 뛰기가 힘들었다. 아직도 발목이 심하게 꺾여 있는 상태다. 두 번째 아쉬운 점은 선수부였다. 선수를 하면서 실전 경험도 늘리고 운동을 좀 더 했더라면 중학교 때의 내가 다르지 않았겠냐는 생각을 많이 했다. 싸움을 잘 해서 과시하고 싶은 게 아니다. 누굴 괴롭히거나 그런 것도 아니다. 적어도 괴롭힘은 당하지 않고 자신감이 있지 않았을까. 그런 생각을 하고 살다 보니 건강한 신체, 강인한 신체에 대한 열망이 있었다.

고등학교 수능이 끝난 후 내가 선택한 운동은 헬스였다. 처음부터 헬스를 하고 싶은 것도 아니었다. 헬스로 몸을 만들어 봐야겠다는 생각도 아니었다. 무슨 운동을 하면 좋을까 우왕좌왕하다가 친구가 하자고 해서 같이 하게 되었다. 4명이 집 근처 헬스장에 등록하고 아침 8시에 만나서 다녔다. 헬스는 처음 해보는 거라 어떻게 하는지도 몰랐다. 친구들과 있다 보니 운동보다 이야기하는 시간이 더 길었다. 인터넷으로 운동 방법을 찾아보고 무거운 운동기구도 들어봤지만 힘들기만 하고 대체 내가 뭘 하고 있는지 모르겠다는 생각이 들었다. 살을 뺄 겸 하고 다닌 헬스는 운동이 끝난 후 친구들과 먹으러 가기 바빠서 빠지지 않았다. 흥미가 생기지 않으니 효과는 당연히 없었기에 한 달만 하고 그만두었다. 이렇게 내 두 번째 운동은 허무하게 끝이 났다. 헬스를 그만두니 자괴감이 들었다. 강인한 신체에 대한 열망만 있고 정작 나는 노력을 하지 않은 것이다. 이런 식으로라면 평생을 해도 바뀌지 않을 것 같았다. 그렇다면 내가 무슨 운동을 해야 재미있게 할 수 있을까 하는 걸 생각해봤다. 그때 고등학교 때의 기억이 났다. 고3 당시에 한창 격투기가 유행이었다. 전체 학교에서 유행이 아니라 우리 반만 유행이었다. 수시 합격이 결정 난 친구들이 집에서 인터넷을 보고 따라 했다. 약한 친구들을 괴롭히는 데 쓴 게 아니라 관심 있는 애들끼리만 했다. 난 참여는 안 했지만, 그 모습을 보는데 재미있어 보였다. 그때 잠깐 나도 격투기 종목 중 한 가지 배워보면 좋겠다고 생각했다. 그 기억이 나서 격투기 종목 중 한 가지를 배워 보자고 생각했다. 어느 날 학원에서 집으로 오는 길에 우연히 권투 체육관을 봤다. 집에서 조금 거리가 있었지만 몇 년간 몇 번을 지나갔던 곳인데 한 번도 제대로 생각해본 적 없는 곳이었다. 그 날 한번 구경이나 해보자는 마음으로 갔다. 권투는 우리나라에서 옛날보다 인기 있는 종목은 아니었다. 그 체육관도 있었던 게 꽤 오래되어서 시설이 많이 낡을 줄 알았다. 입구를 들어선 순간 생각이 바뀌었다. 규모도 꽤 컸고 링, 샌드백 심지어 헬스장도 따로 있었다. 비인기 종목이라 생각해서 사람도 많이 없을 줄 알았는데 매우 많았다. 비인기 종목이라는 건 나의 오해였다. 체육관 안의 사람들은 각양각색이었다. 줄넘기하는 사람, 샌드백을 치는 사람도 있었다. 그중 내 눈을 사로잡은 사람들이 있었다. 바로 링 위에서 스파링하는 사람들이었다. 멋있었다. 만화에서나 보던 그런 움직임이었다. 주먹은 정말 빨랐고 그 주먹을 피하는 사람도 멋있었다. 그 모습을 넋 놓고 보고 있으니 코치님이 왜 왔냐고 물어봤다. 분명히 구경만 하러 간 것인데 그 날 등록까지 하고 왔다. 그 자리에서 붕대와 글러브도 구매했다. 글러브를 껴 보니 빨리 배워보고 싶다는 생각이 들었다. 빨리 배워서 링 위의 그 사람들처럼 해보고 싶었다. 나약한 나와는 이별을 고할 수 있을 거라는 느낌이었다. 그래서인지 헬스장을 갈 때와는 느낌이 달랐다. 헬스장을 다닐 때는 다음 날에는 어떤 핑계를 대고서라도 빠지고 싶었는데 이번에는 달랐다. 다음 날이 기다려졌다. 다음 날 학원이 끝나고 버스를 타고 바로 체육관으로 갔다. 일단 몸에 열을 내야 한다고 러닝머신을 뛰고 오라고 했다. 10분간 간단하게 뛰고 코치님께 다시 가니 이제 줄넘기 차례라고 했다. 간단하게 몸 풀 정도만 할 줄 알았는데 시간을 정해주고 시켰다. 7라운드 동안 줄넘기를 하라고 했다. 1라운드당 3분이고 라운드가 끝나면 1분을 쉬었다. 그걸 7라운드를 하는데 개수로 치면 약 2,800개 정도였다. 그걸 끝내고 나서 본 운동을 하는 식이었다. 개수도 개수지만 만화나 영화를 보면 몇 달을 줄넘기만 시키는 걸 봐서 여기도 그러지 않느냐는 걱정을 했다. 다행히 요즘은 그렇게 하면 사람들이 아무도 안 배우려고 해서 펀치 기술도 가르쳐 준다고 했다. 첫날 배운 건 기본 스텝이었다. 태권도 스텝이랑 비슷할 줄 알았는데 많이 달랐다. 발목의 각도부터 다리 넓이도 달라서 처음 3분을 앞뒤로 왔다 갔다 하는 것도 발목이 아팠다. 발 간격을 계속 유지한 채로 콩콩 뛰어야 하는데 그것만 해도 힘들었다. 주먹은 뻗지도 않았는데 스텝만으로 지쳤다. 평소 운동을 안 한 게 티가 너무 났다. 스텝만 몇 라운드 하고 나서 수업은 끝이 났다. 수업은 끝났지만, 줄넘기를 또 7라운드 추가로 하라고 했다. 첫날부터 안 쓰던 몸을 많이 쓰다 보니 너무 피곤했다. 다음 날, 갈까 말까 고민을 했지만 겨우 첫날하고 도망치는 건 결국 악순환에서 못 벗어나는 행동이었다. 다음 날 뭉친 몸을 이끌고 체육관을 갔다. 이번에는 버스를 타지 않고 걸어서 갔다. 걸어서 30분도 넘는 거리였지만 어차피 일찍 가 봐야 러닝머신을 해야 하니까 대신 겸으로 걸어갔다. 도착해서 역시 줄넘기를 7라운드를 하고 또 스텝을 뛰었다. 스텝을 다 뛰고 오늘은 코치님의 추천을 받아 근력운동도 했다. 오늘은 근력운동도 했으니 줄넘기는 안 해도 될 거라고 생각했다. 예상은 빗나갔다. 마무리 운동은 역시 줄넘기 7라운드였다. 다시 온몸이 뭉쳤지만 계속해서 갔다. 며칠 스텝만 받다가 드디어 잽이라는 펀치를 배웠다. 드디어 스텝에서 벗어나고 펀치를 배운다고 생각하니 기대감이 커졌다. 주먹을 내지른다는 걸 태권도에서 배워서 조금 적응이 안 되었다. 주먹이 출발하는 위치도 달랐고 각도도 달랐다. 몸에 익숙한 걸 버려야 했다. 곧 남들보다 해야 할 게 는다는 것이었다. 본 수업이 끝난 후 그 날 배운 펀치로 샌드백을 쳐야 했다. 그것도 몇 라운드를 하고 근력운동을 하고 줄넘기를 해야 그 날 운동이 끝이 났다. 운동량은 내가 했던 것 중 제일 많았다. 그때가 한겨울이었는데 그렇게 운동을 하고 나면 온몸이 물에 젖은 것처럼 땀이 흘렀다. 운동 직후 반팔, 반바지 상태로 밖을 나가도 안 추울 정도로 열심히 했다. 시간이 지남에 따라 배우는 펀치가 늘어났다. 처음엔 잽이었고 그다음은 스트레이트였다. 권투는 주먹만 쓰는 운동이 아니라는 걸 조금씩 깨달았다. 발 모양도 중요했다. 스트레이트를 알게 되었다는 건 그 유명한 원. 투를 배운 것이다. 처음엔 제자리에서 원 투만 했다. 그다음엔 스텝을 뛰면서 했다. 이 두 가지 펀치로 복합적인 걸 할 수 있었다. 어떻게 보면 주먹을 두 번 뻗고 네 번 뻗는 것으로 보이지만 코치님이 1:1로 미트를 잡아서 펀치를 받아 주시니 달랐다. 타이밍이 실전에서 도움이 많이 될 것 같았다. 미트를 치면서 한 번 더 느낀 게 있었다. 얻어맞는 것도 아니고 주먹을 피하는 것도 아니고 그냥 펀치를 내지르기만 하는 데도 힘이 많이 든다는 걸 알았다. 2라운드 내내 스텝과 펀치만 하는데도 금방 나가떨어졌다. 체력이 많이 부족했다. 운동이 끝난 후 다시 몇 라운드 더 샌드백을 치고 줄넘기를 했다. 분명 체력을 기르기 위해 나에게 시킨 거지만 체력이 붙기 전에 힘들어 죽을 것 같았다. 하루 운동이 끝날 때마다 너무 힘들었지만 빠지지 않았다. 30분이 넘는 거리를 걸어가서 줄넘기에 펀치 연습에 근력 운동을 단 하루도 거른 날이 없었다. 어느 날 늘지 않을 것 같던 체력이 느는 게 보였다. 코치님이 미트를 잡고 펀치를 받아주시는데 원래 3라운드가 넘어가면 힘들어서 처지고 주먹을 뻗지도 못하기 일쑤였다. 그 날은 5라운드 동안 힘은 들었지만 처지지는 않았다. 딱 그 체력이 붙고 나서 다음 펀치를 배웠다. 훅이었다. 훅을 배우기 전에는 그냥 주먹은 내지르기만 하면 끝인 줄 알았다. 아니었다. 다리도 허리도 어깨도 중요했다. 너무 내질러도 안 되고 너무 끊어치면 힘이 없기도 했다. 진심으로 감이 하나도 잡히지 않았다. 집에서 동영상도 찾아보고 연습을 했지만, 도저히 알 길이 없었다. 훅 하나로 진도가 나가지 않았다. 며칠을 훅만 연습했다. 문제를 알지 못하다가 아쉬운 일이 생겼다. 입대 날이 된 것이다. 결국, 링 위에 올라가지 못했지만, 이 때 배운 권투는 훗날 다른 운동을 할 때 많은 도움이 되었다.

킥복싱과 주짓수

종합격투기라는 운동을 진지하게 배워보고 싶다고 생각했던 때가 군대에서였다. 후임들이 한 명씩 들어오기 시작했는데 운동했던 친구들이 들어왔다. 한 명은 유도를 했었고 다른 한 명은 킥복싱을 했었다. 둘 다 너무 대단해 보였다. 그 둘의 이야기를 듣고 있으니 도전해 보고 싶었다. 또 하나 그때 당시 티브이에서 '주먹이 운다'라는 프로그램을 했다. 프로 선수가 아닌 운동 좀 했다 하는 사람들이 나와서 테스트를 거치고 훈련을 받았다. 그냥 격투기를 볼 때와는 느낌이 달랐다. 각자 다른 종목의 운동을 하는 사람들이 나와서 훈련을 받고 성장하는 모습을 보여주었다. 프로가 되기 위해 운동하고 도전하고 실전 경험을 쌓는 걸 보면서 재미있다고 느꼈다. 군대에서 적은 버킷리스트 중 우선순위로 격투기를 하자고 마음을 먹었다. 전역하고 나서 나는 곧장 종합격투기 체육관을 찾으러 다녔다. 우선 인터넷에 검색했는데 집 주변에 종합으로 하는 곳은 잘 없었다. 대부분 킥복싱이면 킥복싱, 유도면 유도, 주짓수면 주짓수 등 다 따로였다. 그때의 나는 종합격투기는 삼박자가 맞아야 한다고 생각했다. 킥복싱, 주짓수, 레슬링. 이 세 가지는 필수라고 생각했기에 따로 따로는 의미가 없다고 여겼다. 인터넷을 찾아보니 집에서 조금 멀기는 하지만 두 개의 체육관이 있었다. 첫 번째 체육관을 가보니 규모에 놀랐다. 바닥은 전체가 충격 완화를 위한 매트였다. 한쪽에는 UFC에서 보던 케이지가 있었다. 상담을 받아보니 수업이 두 가지로 나뉘어 있었다. 킥복싱과 주짓수 수업이었다. 레슬링 수업이 없어서 조금 아쉽기는 했지만, 시설을 보니 그 부분도 어느 정도 수업을 해 줄 것 같았다. 시설이 좋은 만큼 가격도 만만치 않았다. 심지어 난 킥복싱과 주짓수 수업을 다 듣고 싶어서 등록했기에 가격이 많이 뛰었다. 가격을 보니 선뜻 결정을 내리지 못하고 생각 좀 해보겠다고 했다. 그 길로 두 번째 체육관을 찾아 가 봤다. 앞서 너무 좋은 시설을 봐서일까. 나쁘지 않은 시설이었지만 성에 차지 않았다. 케이지도 없었고 링도 따로 있는 게 아니었다. 집에 와서 고민 끝에 처음 간 체육관에 다니기로 했다. 선택하게 된 계기가 시설이 차지하는 비중이 꽤 높았지만 그게 다는 아니었다. 관장님께서 꽤 유명했던 격투기 단체에 선수로 활동하셨다고 해서 믿음이 갔다. 킥복싱과 주짓수 두 개의 수업을 듣기 위해 시간을 나눴다. 아침에 나태해지기 싫어서 아침 운동을 하기로 했다. 아침에는 킥복싱을 배웠다. 저녁에는 중국어 학원이 끝나고 주짓수 수업을 듣기로 했다. 하루 두 번을 가려고 하다 보니 교통비가 아주 아까웠다. 버스로 20~25분 거리였다. 두 번 왕복하면 교통비만 4천 원이 넘게 나오는 것이었다. 교통비도 아낄 겸 운동도 할 겸해서 자전거를 타고 다니기로 했다. 자전거를 타고 편도로 40분 거리를 하루 2번을 갔다. 자전거만 하루에 2시간 이상을 탔다. 하루 두 번을 왔다 갔다 하니 친구가 그냥 한 번에 연달아서 킥복싱과 주짓수 수업을 들으면 되지 않냐고 물었다. 그렇게 안 해 본 건 아니었다. 연달아 들으니 몸이 감당을 못했다. 호흡을 고를 새도 없이 수업을 들으니 몸이 마음대로 움직이지 않았다. 아침에 갔다가 조금 휴식을 취하고 저녁에 또 가는 게 훨씬 나았다.

킥복싱 수업 때 나랑 비슷한 시기에 시작한 사람이 세 명이 더 있었다. 나이도 두 명은 동갑이고 한 명은 한 살 형이었다. 비슷한 나이이다 보니 금방 친해졌다. 킥복싱 수업은 예전에 권투 체육관에서 배운 것과 비슷했다. 덕분에 같이 시작한 세 명보다는 조금 더 배우기 편했다. 체력도 내 생에 가장 좋았던 시기였기에 습득하는 데 걸림돌이 없었다. 일단 킥복싱이다 보니 펀치만 중요한 게 아니었다. 킥도 중요했다. 솔직히 킥은 자신이 있었다. 선수를 하지는 않았고 그만둔 지 조금 오래되었지만, 태권도를 6년 했는데 '킥쯤이야'라는 생각이 컸다. 오산이었다. 태권도의 발차기와 조금 달랐다. 그 조금의 차이가 몸에 배서 고치기가 힘들었다. 하나가 되면 하나가 안 되는 상황이었다. 상대와 나의 거리를 못 잡았다. 펀치가 되면 킥이 안 되었다. 펀치 거리에서 조금 멀어지면 어김없이 나에게 발차기가 날아왔다. 난 그게 마음대로 안 되었다. 펀치 아니면 발차기 둘 중 하나만 머릿속에 남았다. 결국, 킥을 포기했다. 펀치를 더 갈고 닦겠다고 다짐했다. 펀치는 나쁘지 않았다. 예전에 배웠던 것 그대로이기도 했고 관장님께서 너무 잘 가르쳐 주셨다. 펀치에 매진하고 있는 찰나에 훅을 배울 차례가 되었다. 권투를 할 때 훅을 결국 성공시키지 못했다. 그때의 문제점이 무엇일까 다시 한번 고민했다. 거울을 보면서 내 모습을 연구했다. 관장님의 자세도 연구해서 나와의 차이점을 찾아봤다. 드디어 문제점이 무엇인지 깨달았다. 가장 큰 문제가 중심 이동이었다. 펀치가 바뀌고 발이 달라지는 거에 비해 내 중심은 거의 그대로였다. 중심이 안 바뀌니 펀치에 힘이 없고 상대의 주먹에 대응하기 힘들었다. 그걸 생각하면서 다시 해보니 관장님께서 칭찬을 해주셨다. 그 이후로도 다른 펀치를 더 배웠다. 펀치를 많이 알면 알수록 할 수 있는 기술도 많이 늘어났다. 실제 시합에선 많은 연습을 거친 펀치 조합이 빛을 낸다고 했다. 계속 여러 조합을 연습하다가 마우스피스를 끼고 모든 보호구를 다 끼고 우리끼리 스파링을 했다. 진짜 시합처럼 죽일 듯이 한 게 아니라 매스 스파링이었다. 주먹에 힘을 빼고 가볍게 하는 거였다. 아무리 가볍게 하는 거여도 혹시나 하는 마음에 모든 보호구를 다 착용했다. 스파링은 정말 샌드백을 칠 때와는 차원이 달랐다. 아무리 힘을 뺐다고 하지만 얼굴을 맞을 때는 아팠다. 그 아픔을 버티고 공격에 성공했을 때의 그 느낌은 정말 짜릿했다. 스파링이 끝나면 맞았을 때의 아픔을 기억하고 또 연구했다. 어떻게 하면 아까 그 상황에서 안 맞을까 반격은 어떻게 할까 등 생각이 많아졌다. 우리는 수업이 끝나면 남아서 스파링을 자주 했는데 덕분에 많은 연구를 할 수 있었다. 우리끼리 이야기도 많이 하면서 문제점을 고쳐 나갔다. 실력이 많이 늘었다고 생각했을 때 정말 잘하는 사람과 스파링을 할 기회가 생겼다. 기절할 뻔했다. 대응하기엔 상대가 너무 빨랐다. 아쉬움 없이 시원하게 졌다. 지고 나니 욕심이 생겼다. 부족한 게 많았기에 개선하려고 더 노력했다. 경험은 절대 배신하지 않는다는 믿음으로 문제를 찾으면 고치고 바로 써먹으려고 했다. 덕분에 그 당시 입버릇처럼 말했던 게 '스파링 한 번 부탁드리겠습니다.'였다. 많이 부탁한 만큼 비슷한 경력의 사람들보다 조금 더 경험이 많아졌다. 대회를 나가거나 하고 싶은 마음은 없었다. 그냥 이대로 자기만족이었다. 학교 문제로 다니던 체육관을 그만두게 될 때까지 정말 미친 듯이 운동했다. 이 체육관을 그만두고 다른 근처에 있는 체육관에 가 보았다. 운동을 얼마나 했는지 실력 한번 보자고 글러브를 끼라고 했다. 비슷한 경력의 사람으로 붙여줬는데 그 날은 시원하게 이겼다. 몸이 약했어도 노력하면 바뀔 수 있다는 걸 그 날 다시 한번 알게 되었다.

저녁에는 주짓수 수업을 들었는데 사람이 꽤 많았다. 타격이 아닌 격투기는 처음이어서 상당히 어색했다. 심지어 처음 입어보는 도복이어서 띠를 어떻게 매야 하는지도 몰랐다. 조금 어색하고 걱정은 되었다. 우선 몸풀기로 스트레칭과 낙법을 했다. 낙법을 딱히 해 본 적이 없어서 어려웠다. 어색하기만 한 나의 동작은 너무 우스웠다. 낙법이 엉성하다 보니 주짓수 수업이 조금 걱정이었다. 그건 기우였다. 첫 수업에 바로 주짓수의 매력에 빠졌다. 다른 운동은 나의 몸만 제어하면 끝이었지만 주짓수는 내 몸으로 다른 사람의 몸을 제어할 수 있는 느낌이었다. 내가 움직이는 대로 상대가 뒤집히기도 구르기도 날아가기도 했다. 첫 수업부터 힘을 안 들이고 나와 상대의 유리함을 역전시키는 기술을 배웠다. 내 무게 중심뿐만 아니라 상대의 무게 중심까지 이용해야 하는 무술이라 어렵기는 했지만, 너무 매력적이었다.

첫날 수업이 끝나고 주변을 보니 대부분 사람이 집에 가지 않고 따로 연습하고 있었다. 나도 은근슬쩍 그 무리로 갔다. 혼자 운동을 하러 간 거라 친구가 필요하기도 했고 주짓수를 좀 더 배워보고 싶었다. 체육관의 사람들은 친절했다. 내가 어색해했던 낙법도 가르쳐 주고 많은 이야기도 해주었다. 그리고 첫 날인데 스파링도 할 수 있게 해주었다. 아무것도 모르는데도 한번 해보라고 했다. 대회를 준비하시는 분인데 관장님도 대회에 가면 기술은 부족해도 힘이 좋은 사람이 나올 수 있으니 한번 해보라고 부추겼다. 내 실수였을까 상대가 너무 방심했을까 얼떨결에 유리한 포지션을 계속 잡았다. 그 포지션을 빼앗기지는 않았지만, 공격 기술을 아는 게 하나도 없어서 무승부로 끝이 났다. 첫날부터 강렬한 인상만 남기다 보니 주짓수가 너무 재미있었다. 다음 날부터 기술 하나 하나 배우는데 너무 재미있었다. 일단 진도도 빨라서 좋았고 그 날 바로 스파링을 할 수 있어서 좋았다. 수업이 끝난 후 관원들과 또 스파링할 수 있었다. 집에서 유튜브로 수업 외적인 기술도 연구했다. 관원들과 같이 인터넷에 본 거로 연습을 하고 체육관 문을 닫을 때쯤에야 집으로 돌아왔다. 주짓수라는 운동을 정말 즐겼다. 운동량도 꽤 많았다. 시간이 지나니 나랑 비슷한 시기에 했던 사람들은 나와 격차가 많이 났었다. 계속해서 운동하던 어느 날 시작할 때부터 한 번도 이기지 못했던 대회에서 메달권에 드는 사람과 스파링을 하게 되었다. 그분의 실수가 크긴 했지만, 처음으로 그분에게서 항복 선언을 받았다. 감격스럽기까지 했다. 나도 몸으로 하는 것도 잘 할 수 있다는 자신감이 생겼다. 주짓수 역시 학교 문제로 그만두게 되었다. 그 이후로도 운동을 많이 했지만 내게 가장 재미있었던 운동이 뭐냐고 물으면 아직도 주짓수라고 답을 한다.

MC

군대에 가기 전 6개월 동안 이벤트 아르바이트를 했었다. 원래 초기 목표가 다른 사람 앞에서 떨지 않는 것이었다. 목표를 이루고 나니 크게 그 이상은 욕심이 없었다. 교육받을 시기를 놓친 것도 있었지만 단 한 번도 사회를 잘한다는 칭찬을 듣지 못했다. 연습 때에도 잘 못 했기에 칭찬과는 거리가 멀었다. 그렇게 초기 목표만 이룬 체 군대에 갔다. 군대에서는 생각할 시간이 많았다. 밖에 사람들이 그리웠다. 특히 이벤트 팀 사람들이 그리웠다. 입대 전날까지 몸조심히 잘 갔다 오라고 모두 모여 줬다. 휴가를 나갔을 때도 마치 어제 만난 것처럼 나를 반겨주었다. 휴가 때 그 사람들과 있으면 군대를 잊을 수 있어서 좋았다. 그 점이 제일 컸다. 그 사람들과 다시 일하고 싶었고 놀고 싶었다. 그 마음이 점점 커져서 성격을 바꾼 것에 만족하고 싶지가 않아졌다. 전역하기 전 가장 하고 싶은 게 뭘까 생각했을 때 가장 1순위로 이벤트 아르바이트가 떠올랐다. 전역하자마자 곧장 대표님께 연락했다. 전역 직후라서 머리가 짧으니 조금 기르고 다시 일하겠다고 했다. 대표님께서는 그런 거 상관없다고 그냥 바로 같이 일하자고 했다. 덕분에 전역 직후 바로 일을 시작했다. 오랜만에 돌아온 팀을 보고 조금 당황했다. 입대 전 나에게 동생들이 이런 말을 했었다.

"형, 군대 갔다 오기 전까지 대기업으로 만들어 놓을게요."

그저 장난으로 들었던 말이었다. 전역 후에 보니 대기업은 아니지만, 예전보다 규모가 꽤 커졌다. 거의 두 배 넘게 규모가 커졌다. 월급도 배로 올랐다. 여기까지는 좋았다. 변화는 안타까움을 같이 몰고 왔다. 군대 가기 전 나와 같이 웃고 장난치고 일하던 사람들이 많이 그만둔 것이다. 계속 같이 있던 사람들이야 자연스럽게 이별을 하고 새로운 만남을 했지만, 나에겐 갑작스러운 변화였다. 그 점은 안타까움을 넘어 슬픔이었다. 각자의 길을 위해 다른 지역으로 간 사람도 있어서 더 이상 같이 일할 수 있는 상황이 아니었다. 몇몇 남은 사람들을 의지하면서 일하기로 마음먹었다. 21개월 동안 행사와는 아예 담을 쌓고 있다 보니 원래 알던 것도 다 까먹는 상황이 되었다. 처음부터 다시 배워야 했다. 내가 군대 가기 전에 교육한 동생이 이제는 나에게 알려줘야 했다. 둘 다 그 상황이 웃겼다. 그 동생과 함께 연습하니 옛날 생각도 나고 좋았다. 연습이 끝난 후 그 주 주말 드디어 행사장에 갔다. 정말 오랜만에 가는 행사장인데 아는 사람보다 모르는 사람이 더 많았다. 낯설어서 걱정했지만, 사람들의 성격이 너무 좋았다. 내가 한 가지 잊고 있던 게 있었다. 이런 일을 하는 사람들의 성격이 밝지 않으면 하기 힘든 일이니 좋을 수밖에 없었다. 새로운 사람들 덕분에 옛날과는 다른 느낌으로 일이 재미있었다. 예전에는 인원이 적어서 회식해도 그냥 우리끼리 모여서 술 마시는 것과 차이가 없었다. 이제는 인원이 많아지니 훨씬 시끌벅적해지고 활기가 뛰었다. 또 다른 좋은 점도 있었다. 계약한 행사장이 지역별로 늘어났다. 창원, 진주, 대구, 구미, 전주, 심지어 천안도 있었다. 집이 창원인 걸 고려하면 창원, 진주를 제외하면 다 거리가 조금 있었다. 예전에는 창원이 본점이어서 창원 사람들이 주가 되어 다른 지역 행사도 했다. 이제는 그러기에는 거리도 멀고 사람도 많이 필요했다. 그 때문에 각 행사장이 있는 지역 사람들을 뽑았다. 창원 사람들은 여전히 본점이기 때문에 관리와 교육을 위해 돌아가면서 다른 지역 행사장을 갔다. 예전에는 다른 지역에 가는 게 귀찮았는데 이제는 다른 지역에 가면 거기에만 있는 팀원들을 만날 수 있었다. 그 사람들과 행사가 끝나면 같이 놀고 그곳에서 하루 자고 다음 날 다시 일하는 게 재미있었다. 이참에 여행도 다닐 겸 해서 난 다른 지역을 가는 걸 좋아했다. 새로운 사람들과 변화된 팀 상황에 적응을 못 할 줄 알았는데 좋은 사람들과 만남으로 빠르게 적응을 해 갔다. 이 일이 1주일의 활력이 되어가기 시작했다.

이건 내가 아직 정식으로 사회자를 안 했을 때의 상황이었다. 정식으로 사회자 교육을 받으면서 상황이 바뀌었다. 나 스스로 멘트를 짜고 검사를 받았다. 워낙 끼와 재능이 없었기에 잘 할 턱이 없었다. 몇 주 동안 계속 다시 해보라는 말만 들었다. 일이 싫어질 정도로 교육을 받을 때쯤 대구에서 첫 사회를 했다. 원래 그 날 행사를 할 계획이 없었다. 대구를 가는 길에 갑자기 용기가 샘솟아서 대표님께 한 번 해보겠다고 했다. 대표님도 허락을 해주셨다. 떨리는 마음을 숨기고 행사를 시작했다. 정신없는 30분이 지났다. 분위기가 나쁘지 않았다. 대표님께서는 그 이후로 계속 사회를 해 보라고 하셨다. 그때부터 암흑기가 시작되었다. 반응이 나쁘지 않은 건 첫날뿐이었다. 다음 행사 때부턴 반응이 영 좋지 못했다. 너무 못해서 클레임을 걸리는 날도 많았다. 내가 직접 욕을 먹는 날은 잘 없었다. 대표님이나 형들이 나 대신 욕을 먹고 일을 수습하셨다.

실력을 올리기 위해 계속 연습을 도와줬지만 늘지 않았다. 다른 팀원들한테 피해만 되다 보니 견디기 힘들었다. 마음을 먹고 같이 있던 동생에게 말했다.

"딱 이번 방학 두 달만 더 하고 그만둬야겠다."

그 말을 하고 나니 마음이 편해졌다. 부모님께도 두 달만 더 하고 그만두겠다고 말씀드렸다. 아직 대표님이나 다른 형. 누나들에겐 말을 하진 않은 상황이었다. 한 달 후에 천천히 말을 할 계획이었다. 그 동생이 다른 사람들에게 말을 했는지는 모르겠지만 대표님과 단둘이 이야기할 기회가 생겼다. 대표님께서 이렇게 말했다.

"너는 대기만성형이다. 그러니까 조급해하지 말고 천천히 한 번 해보자."

나를 믿어주는 것 같아 힘이 되었다. 그 이후로 다른 형. 누나들도 좋은 이야기를 해주었다.

"네가 못해서 클레임 걸린 게 아니라 손님이 진상이라서 그런 거다."

"내가 그 행사 했어도 잘 못 했을 거다. 괜찮다."

자랑은 아니지만, 이 말이 제일 위로와 도움이 되었다.

"네가 지금까지 걸린 클레임 개수보다 내가 걸린 클레임 개수가 더 많다. 신경 쓰지 마라."

그때 당시 팀장님이 한 말이다. 이런 말들이 나에겐 정말 도움이 되었다. 사고만치는 나를 믿어 주는 게 고마웠다. 그 이후로 많은 사람이 나를 도와줬다. 행사 외에도 나를 불러내서 같이 놀고먹기도 했다. 자연스럽게 행사 때 이야기도 했다. 상황에 맞게 이럴 땐 이런 게 어떠냐는 말을 많이 했다. 딱딱한 연습이 아니라 놀면서 회의와 연습이 되었다. 많은 사람의 노력 덕분에 행사를 좀 더 즐길 수 있게 되었다. 즐기면서 노력도 했다. 이제 그만 두기로 마음먹었던 방학이 끝날 때가 되었다. 원래라면 그만두는 게 계획이었다. 그 두 달 사이를 돌이켜 보니 많은 변화가 있었다. 어느 순간부터 욕을 안 먹고 있었다. 행사를 나 스스로 즐기면서 하니 재미도 있는데 욕도 안 먹으니 더 좋았다. 계획을 수정했다. 내가 아르바이트에 쏟는 시간이 너무 많다고 이 일을 반대하시던 부모님부터 다시 설득했다. 내가 할 수 있을 때까지 한 번 해보기로 했다. 그 이후로 날개를 단 듯 행사를 했다. 행사하는 사람들에게 있어 기분 좋을 때 중 한 가지가 팁을 받을 때이다. 팁을 받는 게 행사를 잘 한다 못 한다는 기준은 아니다. 그래도 기본적으로 행사를 잘 해야만 팁을 받을 수 있는 게 맞다. 날개를 단 듯 행사를 했던 당시의 내가 팁 받는 횟수와 금액은 팀 내에서 최고였다. 중국으로 어학연수를 가기 위해 MC를 그만둘 때까지 팁을 거의 매번 받았다. 월급보다 팁을 더 많이 받았었다. 매번 욕을 먹고 클레임을 걸리던 내가 이제는 한 명의 몫을 해낼 수 있게 된 것이다.

아직도 인정하는 말이 있다. 이 사회자라는 일은 끼와 재능이 있어야 할 수 있는 일이라는 말이다. 어떤 일이든 끼와 재능이 있어야 하는 건 맞는 것 같다. 근데 겪어보니 그건 필수 요소는 아닌 것 같다. 그게 있으면 좀 더 편하게 빨리 실력을 높일 수 있다. 그게 없다고 해서 못할 건 아니다. 지금의 나를 보는 사람들은 예전 모습이 상상이 안 간다고 한다. 예전부터 나를 봐왔고 내 변화를 봤던 사람들은 대단하다고 표현해준다. 남들 앞에 서는 게 긴장돼서 토를 했던 내가 즐기고 노력한다면 할 수 있다는 걸 보여줬기 때문이다.

유도

대학교가 집에서 애매한 거리에 있어서 통학을 택했다. 아침 일찍 나가서 저녁 늦게 집으로 돌아오는 날이 대부분이었다. 이런 상황이라 창원에서 뭔가를 더 배울 수 있는 상황이 안 되었다. 주짓수를 배우고 있을 당시 이 문제를 해결하기 위해 고민을 했다. 학교 근처 체육관을 다닐까 고민도 해보고 조금 무리해서라도 다니던 곳 그대로 다닐까도 생각했다. 아무리 생각해도 후자를 택하기에는 체육관을 갈 수 있는 날보다 없는 날이 더 많을 것 같았다. 학교 근처에 체육관을 찾던 중 학교에 유도 수업이 있다는 걸 알게 되었다. 나중에는 종합격투기를 해보고 싶었기에 유도도 도움이 많이 될 것 같았다. 다시 주짓수를 하게 될 때도 도움이 될 것 같아서 배우기로 마음먹었다. 대학생이라면 대부분 공감하는 피가 말리는 날이 왔다. 수강 신청 날이다. 전공이야 어차피 자리가 많이 남아 무조건 들을 수 있으니 걱정은 없었다. 제일 걱정은 유도였다. 성적

상정 방식이 P or F라서 경쟁률이 매번 엄청났다. 아침 일찍 일어나서 피시방으로 갔다. 컴퓨터 두 대를 켜고 신청 준비를 했다. 수강신청 시간이 다가오니 역시나 검색어에 우리 학교 이름이 올라왔다. 많은 사람이 동시에 신청 준비를 한다는 의미였다. 이 순간은 매번 긴장되었다. 드디어 수강신청 시작! 유도를 포함한 교양과목을 컴퓨터 두 대로 왔다 갔다 하면서 빠르게 신청했다. 교양과목을 안전하게 수강신청 끝낸 후 여유롭게 전공과목을 신청했다. 유도를 같이 들으려고 계획했던 후배가 있었지만, 후배는 신청을 못 했다고 했다. 결국, 혼자 유도 수업을 들어야 했다. 첫 수업은 O.T로 강의실에서 진행되었다. 앞으로 어떤 식으로 수업이 진행될지 설명을 해주셨다. 교수님께서 혹시 이 중에 유도해 본 적 있는 사람이 있는지 물어보셨다. 아무도 없었다. 마음이 조금 놓였다. 배운 사람이 아무도 없다는 건 다들 비슷해서 못해도 티가 안 날 것 같았다. 설명을 다 듣고 나니 군대 생각이 났다. 군대에 있을 때 유도를 했던 후임이 있어서 유도도 배워보고 싶다는 생각이 있었다. 그 때문에 기대도 컸다. 다음 시간까지의 준비물은 도복이었다. 유도복이 두꺼워서 그런지 가격이 꽤 비쌌다. 도복값을 아끼기 위해 그냥 주짓수 체육관에서 입던 도복을 들고 갔다. 주짓수 도복과 유도복은 차이가 있다고 하는데 난 솔직히 차이점을 잘 몰라서 그냥 들고 갔다. 다행히 상관없었다. 장소는 학교 건물 지하에 체육관에서 했다. 미리 가서 매트를 깔고 준비를 하고 있었다. 사람들이 한 명씩 오기 시작했는데 대부분 처음 도복을 입는 거라 띠를 매는 방법을 몰랐다. 나 혼자 띠를 매고 있으니 나에게 몰려와서 띠 매는 방법을 물어보았다. 못 따라 하는 사람은 내가 직접 매 주기도 했다. 본의 아니게 첫 수업 시작 전부터 시선을 끌었다. 드디어 첫 수업 시작. 유도의 가장 기초는 낙법이라고 하셨다. 낙법이라는 건 주짓수 체육관을 다니면서 매일 몸풀기로 했다. 처음 낙법을 배울 때는 어려웠다.

전방 낙법, 후방 낙법, 측방 낙법은 그나마 괜찮았다. 물론 전방 낙법 같은 경우는 바닥이 가까워지는 게 보이니 무서웠다. 이 세 가지는 어려운 건 없었다. 헷갈리는 낙법은 전방 회전 낙법이었다. 전방 회전 낙법은 정지된 자세에서 두 무릎과 허리를 구부린다. 왼손을 두 발끝과 정삼각형이 되도록 짚는다. 오른손으로 삼각형의 중앙을 손끝이 안쪽으로 향하게 짚는다. 머리를 왼쪽 겨드랑이 밑으로 넣으면서 앞으로 구른다. 이때 머리가 바닥에 닿지 않도록 주의해야 한다. 이게 말로 들어도 글로 보아도 이해가 안 되는데 처음 이 낙법을 하면 헷갈린다. 손발이 꼬이고 반대로 회전을 해버리는 경우도 많았다. 그걸 안 헷갈리고 할 수 있을 때까지 나는 며칠이 걸렸다. 유도 첫 수업 때 이 낙법을 시키니 다들 비슷했다. 예전의 나처럼 손발이 헷갈리는 사람, 잘 안 돼서 머리를 부딪치는 사람, 옆 사람과 부딪치는 사람도 있었다. 유도는 해 본 적이 없지만, 낙법은 경험이 있었기에 나만 잘 되었다. 일단 첫 수업은 조금 시시하게 끝이 났다. 집에서 유도에 관한 자료를 찾아보는데 유도 체육관을 가면 처음엔 당연히 낙법을 한다고 했다. 낙법을 배우는 시기는 다양했다. 낙법만 몇 개월을 가르치는 곳도 있다고 글을 읽었다. 이번에도 그런 게 아닐까 걱정이 되었다. 다음 수업 때도 역시 낙법을 배웠다. 아직 다른 사람들이 낙법이 되지 않기 때문에 낙법을 계속 배울 수밖에 없다고 했다. 두 번째 수업 때는 솔직히 지루했다. 낙법은 고사하고 여전히 띠 매는 방법을 모르는 사람도 많았다. 수업이 끝날 때쯤에는 이제 서서히 낙법을 할 줄 아는 사람들이 생기기 시작했다. 덕분에 다음 수업부터는 조금 재미있는 걸 하기 시작했다. 티브이에서 보면 낙법 시범을 보일 때 어떤 장애물을 뛰어넘어서 구르는 걸 자주 봤다. 이번엔 그걸 하기로 했다. 처음에는 사람 한 명을 웅크리고 그걸 뛰어넘게 했다. 예전에도 비슷한 걸 해봐서 나에겐 쉬웠다. 아직 낙법이 익숙하지 않은 사람들은 그걸 힘들어했다. 그 많은 인원 중 나만 그걸 할 수 있었다. 덕분에 내가 그 장애물 역할을 해야 했다. 아무것도 하지 않고 1시간 동안 웅크리고만 있었다. 다른 사람들은 그런 나를 위로 넘어 다녔다. 아직 낙법을 못 하는 사람들이 있어서 나를 넘어갈 때 몇 대 맞기도 했다. 수업이 끝나서야 그 자세에서 벗어날 수 있었다. 다음 수업부터는 낙법은 몸풀기로 했고 기술 수업에 들어갔다. 유도의 가장 기본적인 원리부터 설명을 해주셨다. 상대의 중심이 무너뜨리면 힘을 들이지 않고도 상대를 제압할 수 있다는 것이다. 화려한 매치기 기술로 시범을 보여 주실 줄 알았는데 그게 아니었다. 그냥 밑으로 끌어당긴 것밖에 없는데 상대가 넘어졌다. 알고 보니 무게 중심을 무너뜨리는 것만으로도 충분히 넘어뜨릴 수 있는 원리였다. 그걸 각자 짝을 지어서 실습했다. 실습 시간이 끝나고 교수님께서 유도의 모든 매치기 기술을 보여주시겠다고 하셨다. 정말 설레었다. 그 기술들을 눈으로 직접 볼 수 있다는 건 좋았다. 하지만 난 그 기술들을 보지 못했다. 정확하게 말하면 체험했다가 맞는 표현인 것 같다. 교수님께서 기술을 받아 줄 사람으로 나를 지목한 것이었다. 아직 이름도 다 모르는 매치기 기술을 그 날 다 체험했다. 아프기는 했지만 앞으로 배우게 될 기술이기 때문에 어떻게 하는지 기억하기 위해 노력했다.

　다음 수업에는 간단한 매치기 연습을 했다. 허리띄기란 상대방의 무게 중심을 흔들고 기울어져 있는 상대에게 허리를 집어넣으면서 기우는 방향으로 매치는 기술이다. 다른 기술에 비해 배우기가 편하므로 이걸 가르쳐 주셨다. 처음으로 배우는 매치기 기술이라 어색하긴 했지만 재미있었다. 내가 넘기는 족족 상대들이 넘어가니 희열감도 느껴졌다. 시간이 지날수록 조금 더 기술을 배워가기 시작했다. 주짓수 때도 느낀 것이지만 살을 맞대고 하는 운동은 친해질 수밖에 없는 것 같다. 체육관을 다닐 때도 사람들과 하루 이틀이면 금방 친해졌다. 유도 역시 그랬다. 낙법만 할 때는 서로 말도 안 걸고 어색해했는데 기술을 배우고 서로 걸어보고 하다 보니 금방 친해졌다. 처음에 혼자서 하면 재미없겠다는 마음이 있었는데 사람들과 친해지니 확실히 재미있어졌다. 수업이 기다려졌고 유도 역시 재미있어졌다. 유도가 재미있어질 당시에 더 흥미가 생기게 된 계기가 있다. 바로 티브이에서 '우리 동네 예체능'이라는 프로그램에서 유도 편을 한 것이다. 원래도 좋아했던 프로그램인데 내가 배우고 있는 종목이라 좀 더 챙겨보게 되었다. 유도라는 종목에 특화된 사람들이 많이 나왔다. 씨름했던 사람은 유도에서 얼마나 잘할까. 주짓수를 했던 사람은 또 어떨까 등의 의문이 한 방에 해결되었던 프로그램이었다. 연예인들이 유도에 도전하는 것이지만 전국대회 우승도 하는 등 재미도 있었고 감동도 있었다. 그 때문에 유도 붐도 불었고 배우고 있다는 것이 뿌듯했다. 집에서도 유도에 대한 동영상도 찾아보고 기술도 연구했다. 같이 시작한 사람 중에는 당연히 실력이 돋보였다. 특히 굳히기 수업을 할 때 빛을 발했다. 아직 주짓수를 그만둔 지 얼마 되지 않아서 누웠을 때는 자신이 있었다. 조르기나 꺾기 기술은 거의 다 배웠던 것들이었다. 처음 접하는 기술들도 있었다. 누르기 종류의 기술들이었다. 주짓수에서도 누르기 기술이 있기는 하지만 많이 사용을 안 해봐서 종류가 뭔지 대처법이 뭔지 어떻게 사용하는지도 몰랐다. 교수님께서는 이번에도 나를 기술 받아주는 사람으로 지목하셨다. 덕분에 굳히기라는 굳히기 기술은 다 당해봤다. 배웠으니까 써먹어 보았다. 처음에는 누르기가 진짜 무게를 실어서 누르면 끝인 줄 알았다. 그게 아니었다. 상대의 힘에 반응하여 중심을 잘 잡아야 빠져나오기 힘들었다. 연습 게임도 했다. 30초 동안 누르기를 성공하면 한판승이었다. 거는 건 쉬운데 빠져나오는 게 너무 어려웠다. 집에서 인터넷을 뒤져서 파해법을 또 찾아봤다. 그런 식으로 연습을 하다 보니 실력은 금방 늘었다. 어느 날 수업이 끝나고 교수님께서 나를 불렀다. 유도 초단에 도전해 보는 게 어떻냐고 하셨다. 나도 기왕 도전한 운동이니 단증을 따 보고 싶었다. 도전하겠다고 했는데 하필 그해에는 이제 단증 시험이 없다고 했다. 다음 해에 바로 따자고 하셨다. 아쉽게도 그다음 해에 나는 단증을 따러 갈 수는 없었다. 중국으로 어학연수를 떠나야 했기 때문이다. 그냥 초단을 딸 수 있는 실력을 인정받은 거에 만족해야 했다. 유도도 언젠가는 꼭 단증을 딸 계획이다.

어학연수

나는 중국어를 전공으로 하고 있다. 우리 학과의 대부분 사람은 3학년 때 중국으로 교환학생을 간다. 기간은 6개월에서 1년으로 자신이 선택할 수 있다. 내가 3학년이 되어서 교환학생을 신청할 때 중국에 꼭 가야 하는 이유가 있었던 게 아니다. 대부분 사람이 그 시기에 가니 나도 따라서 신청한 거였다. 우리 학교에서 교환학생을 신청할 때 중국 대학교 목록 중에 1지망, 2지망을 골라서 신청한다. 기왕이면 친한 친구들과 같은 학교로 가고 싶어서 1, 2지망을 같은 학교 혹은 거리가 가까운 곳으로 썼다. 교환학생을 다 보내 주는 게 아니라 면접을 봐서 선별한다. 면접 당일. 10명 정도의 학생이 동시에 면접을 봤다. 우리 과 교수님들께서 면접관이셨는데 압박 면접이었다. '성적은 왜 이러냐? 출석률은 왜 안 높으냐? 이러면 중국 가서도 똑같은 거 아니냐?' 등의 질문 아닌 질문들이 오갔다. 나는 질문에 해당 사항이 없어서 비교적 쉽게 면접을 봤다. 결과

발표 날 당황스러웠다. 친한 친구들과는 다 떨어지고 잘 모르는 사람들과 같이 가야 했다. 나는 옌타이대학교로 가게 되었는데 나 포함 총 3명이 같이 가기로 되었다. 같이 가는 사람 중 한 명은 여자 후배인 예솔이, 한 명은 다른 과 동갑인 승진이였다. 승진이랑은 학교에 다니면서 한 번도 마주칠 일이 없어서 아예 모르던 사이였다. 예솔이도 같은 과이지만 수업이 겹치질 않으니 친하지는 않았다. 일단 옌타이대학교로 갈 때 3명 다 같이 가야 해서 우선 연락처를 받았다. 중국을 가기 전 같이 밥을 먹기로 했다. 우리가 가는 옌타이대에는 선배도, 친구도 이제는 없으니 서로 잘 부탁한다는 이야기를 했다. 출국 당일이 되었다. 기대감보다 긴장감이 나를 감쌌다. 이 긴장감은 대체 어디서 오는 건지 잘 몰랐다.

그날 부모님께서 나를 공항까지 데려다주셨다. 공항에 도착해서 부모님의 표정을 봤다. 그때야 왜 긴장감이 들었는지 알 것 같았다. 생각해보니 부모님 곁을 오래 떠나본 적이 없었다. 군대가 있기는 했지만, 휴가도 자주 나오기도 했고 특수한 공간이었기에 안심이 되었었다. 2년을 공부했다고 하지만 말도 잘 안 통하는 타지에서 내가 잘 할 수 있을까 봐 그 걱정에서 오는 긴장감이었다. 그 감정을 부모님의 표정을 통해 알게 되었다. 지금 뒤돌아서면 1년 동안 부모님을 못 뵙는 상황이었다. 몸이 좋지 않으신 부모님을 뒤로하자니 발걸음이 무거웠다. 같이 가는 두 명을 만나고 나서야 부모님께선 집으로 먼저 가셨다. 우리는 공항에서 간단하게 밥을 먹고 비행기를 탔다. 마음이 복잡하긴 했지만, 고민을 접어두기로 했다. 옌타이 공항에 내리니 옌타이대에서 우리를 픽업하러 중국인 학생이 와 있었다. 학교 버스를 타고 기숙사로 갔다. 기숙사는 2인 1실이었다. 어차피 학교에는 아는 사람이 없으니 같이 간 승진이와 방을 쓰면 좋겠다는 생각이 들었다. 방 배정을 받고 보니 다행히 둘이 같은 방이었다.

기뻐할 틈도 없었다. 첫날은 해야 할 게 많다고 방에 짐만 놓고 바로 밖으로 나왔다. 우선 중국 유심 카드를 사러 갔다. 요금제에 관해서 설명하는데 하나도 알아듣지 못했다. 다행히 다른 한국인의 도움으로 맞는 요금제를 고를 수 있었다. 유심 카드를 신청하고 나서는 기본적인 생필품을 사러 갔다. 그때가 3월이었는데 아직 추울 때여서 비싸더라도 이불은 꼭 사야 했다. 정말 그 날 필요한 것만 사고 저녁을 먹으러 갔다. 중국에 오고 첫 식사였다. 우리를 안내해준 중국인 학생이 좋은 식당을 알려 줄줄 알았다. 우리가 간 곳은 버거킹이었다. 첫 식사인데 햄버거라서 실망감이 컸다. 문제는 그 실망감이 아니었다. 햄버거를 주문하는데도 전부 중국어고 영어는 하나도 통하지 않아서 힘들었다. 간신히 주문한 햄버거를 먹는데 별로였다. 한국 것과는 맛이 조금 달랐다. 특유의 향이 났다. 먹는 둥 마는 둥 하고 생필품을 들고 기숙사로 왔다. 기숙사에 와서 알게 된 사실인데 그 날 한국의 다른 학교에서도 교환학생들이 많이 왔었다. 다들 첫날이라 정신이 없어서 서로에 관해 이야기할 여력이 없었다. 정신없던 첫날이 끝날 때 한 가지 생각이 들었다. 집에 가고 싶다. 중국어는 하나도 못 알아들었다. 말은 입 밖으로 나오지 않았다. 자신감이 떨어졌다.

다음 날부터는 우리를 안내해주는 사람도 없었다. 우리 스스로가 음식을 주문하고 물건을 사고 수업 등록을 해야 했다. 앞길이 막막했다. 다음 날 승진이와 예슬, 그리고 전날 친해진 동갑인 현수까지 4명이 점심을 먹기로 했다. 의지할 사람이 없었기에 우리는 같이 다니기로 했다. 기숙사 바로 뒤에 유학생 식당이 있어서 그곳으로 갔다. 메뉴가 전부 중국어여서 뭐가 뭔지 하나도 알아보지 못했다. 유일하게 알아볼 수 있었던 짜장면을 시켰다. 짜장면을 받아서 보니 한국과는 확실히 달랐다. 모습은 마치 간짜장과 비슷했다. 드디어 첫 중국 음식을 먹었다. 가격이 이천 원도 안 하고 다 못 먹을 정도로 푸짐했다. 하지만 맛은 없었다. 된장에 면을 비벼 먹는 맛이었다. 그 날 이후 중국에서 짜장면을 먹은 적은 없다. 아쩔했던 점심을 뒤로하고 학교 구경을 나섰다. 학교는 생각보다 크지는 않았다. 학교 중앙에 호수도 있고 건물도 고즈넉해서 예뻤다. 저녁이 되니 한국에서 보던 드라마가 보고 싶었다. 인터넷이 너무 느려서 스트리밍으로 볼 수 있는 수준이 아니었다. 결국, 다운을 받아서 봤다. 다음 날 그 드라마에 관해서 이야기하고 있으니 다른 한국인들이 나에게 왔다. 자기들도 그 드라마를 보려고 했는데 도저히 안 되었다고 했다. 내가 다운받은 드라마를 USB에 넣어서 줬다. 그게 소문이 퍼져서 많은 사람이 나에게 왔다. 그 때문에 학기가 시작되기도 전에 많은 사람과 친해졌다. 개강 전 중국어 레벨 테스트를 받아야 한다고 했다. 우리는 다 같이 테스트를 받았는데 반이 다 찢어졌다. 첫 수업에 들어가니 아는 사람이 한 명도 없었다. 혼자 앉아 있었다. 내 뒤에 나처럼 혼자 앉아 있던 사람에게 말을 걸었다. 자기도 혼자 온 거라 친구가 없다고 했다. 같이 앉아서 수업을 듣기로 했다. 그 친구를 시작으로 얼마 후에 대부분의 같은 반 사람들과 친해졌다.

우리의 일과 중 가장 큰 고민은 바로 메뉴선택이었다. 중국에 와서 먹은 음식들은 거의 다 적응이 안 되었다. 일부 괜찮은 음식들이 있었지만, 그것만 먹기에는 질렸었다. 우리는 가지 않기로 했던 한국 식당에 갔다. 한식을 먹으면 중국에 온 보람이 없을 것 같아서 가지 않기로 했었다. 오랜만에 만난 떡볶이, 순대, 된장찌개의 모습은 아름답기까지 했다. 그걸 다 먹고 우리는 다짐을 했다. 가격도 비싸고 중국 음식도 적응해야 중국인들을 사귀기 편할 것 같으니 한국 음식은 웬만해선 먹지 말자고 했다. 향이 덜 심한 중국 음식들부터 조금씩 먹기 시작했다. 괜찮은 메뉴를 발견하면 서로에게 공유도 해주었다. 중국 음식이 조금씩 적응될 때쯤 한국학과에 다니는 중국인들을 소개받기로 했다.

현수의 룸메이트가 소개를 해주기로 해서 현수랑 승진이랑 나는 같이 약속 장소로 갔다. 도착해서 보니 교실이었다. 몇 명만 소개해 주는 줄 알았는데 약 30명 가까이 되는 인원을 소개해 준 것이다. 당황했지만 이미 벌어진 일이니 간단하게 자기소개를 하고 이야기를 나누었다. 한국어 전공이다 보니 우리에게 관심도 많고 한국어를 어느 정도 알아들을 수 있어서 대화가 끊기지 않았다. 그 날 친해진 중국인 학생들과 식사 약속을 잡고 기숙사로 왔다. 한 번에 중국인 친구가 30명 가까이 늘다 보니 욕심이 생겼다. 이렇게 된 거 그 친구들을 통해 내 중국어 실력을 높이자는 거였다. 또 하나 더 이 학교 내에서 한국어를 조금이라도 할 수 있는 사람 중 내가 모르는 사람은 있어도 나를 모르는 사람은 없게 하겠다는 목표가 생겼다. 그다음 날부터 많은 중국인을 만나러 다녔다. 같이 밥도 먹고 놀러도 다녔다. 혼자 다른 한국어 학과 교실을 찾아가기도 했다. 한국인들 사이에서도 성격 때문에 유명해졌다. 한국인들도 꽤 많았는데 거의 다 나를 알게 되었다. 사람 대부분이 나를 알게 되니 이런 이야기도 들렸다. 어떤 사람이 나를 보려고 내 방을 찾으러 왔다가 못 찾아서 다른 사람에게 물어봤다. 근데 그 사람이 방제천이 누구냐고 물어봤다고 한다. 그 자리에 있던 다른 사람들이 놀라면서 어떻게 방제천을 모를 수가 있냐고 말했다고 한다. 이처럼 한 학기가 채 끝나기 전 내 목표가 거의 이루어졌다. 한국인 친구들이 늘어나니 그들이 중국인 친구들을 소개해주는 경우도 많아졌다. 중국인 친구들이 늘어나니 대화를 잘 하기 위해서는 중국어 공부를 열심히 해야 했다. 덕분에 중국어 실력이 많이 늘었다. 실력이 많이 느니 친구도 늘었다. 좋은 효과가 계속 나타나기 시작했다. 첫 학기가 끝나기 전 다른 한국인들은 그때야 중국인 친구들을 사귀기 시작했다. 한국인들이 중국인을 사귈 때 이유는 모르겠지만 모든 사람이 공통된 질문을 한다.

"한국인 친구 있어요?"

그 질문을 들은 대부분의 중국인 친구들의 입에서는 내 이름이 나왔다. 내 목표가 거의 이루어졌다. 사람들을 많이 알게 되면서 도움도 많이 받았다. 처음 한국을 떠나 중국으로 올 때의 걱정은 사라졌다. 또 하나의 자신감이 생겼다. 말이 잘 안 통하는 곳이어도 잘 해낼 수 있다는 자신감이 생겼다.

홀로 해외여행

나는 중국 여행을 참 많이 다녔다. 베이징 3번, 상하이 2번, 청도 2번, 난징 2번, 태산, 제남, 내몽고, 위해 2번, 황산, 연길 등을 다녔다. 중국 유학을 할 때 많이 여행을 갔었는데 한 번도 수업을 빼먹지 않고 갔던 것은 기록적인 일이다. 이렇게 여행을 많이 다니게 된 계기가 있다. 처음 여행을 다닐 때는 가이드를 대동해서 다녔다. 그때는 내가 중국어를 전공하게 될 줄 몰랐기에 그랬다. 패키지로 가다 보니 신경 쓸 게 없어서 편했다. 시간 되면 밥 먹여주고, 차 태워주고, 잘 곳도 이미 확보가 되어 있었다. 특히 걱정이 없던 부분이 바로 언어이다. 내가 외국어를 굳이 할 필요가 없었다. 덕분에 여행이라는 게 재미있게 느껴졌다. 그때 나의 인식은 여행=패키지였다.

중국어를 전공하고 중국에 유학을 오니 상황이 달랐다. 여행은 고사하고 일상생활도 언어가 안 되어서 불편했다. 메뉴판을 읽지 못해서 그림이 없는 메뉴판으로는 주문할 엄두가 나지 않았다. 언어가 안 통한다는 게 이렇게 불편한 일이라는 걸 처음으로 느꼈다. 시간이 지나니 어느 정도 적응이 되었다. 음식도 거의 먹던 것만 먹으니 사 먹는 데 불편함을 못 느꼈다. 그때 첫 여행을 가게 되었다. 목적지는 청도였다. 같이 수업을 듣는 한국인 친구들과 가기로 했다. 총 5명이 가기로 했다. 가게 된 결정적인 계기가 같이 가는 사람 중 청도에 중국인 친구를 소개받았다고 했다. 그 친구가 가이드를 자처하고 나서서 가겠다고 마음먹었다. 처음 여행이니까 생각해야 할 게 많았다. 우선 교통편이 걱정이었다. 내가 있던 곳에서 청도까지는 바로 옆 동네지만 워낙 규모가 큰 나라라서 5시간 가까이 걸렸다. 그걸 기차를 타고 갈까, 버스를 타고 갈까로 이야기를 나누었다. 우리는 여행은 가지만 수업은 빠지면 안 된다는 통일된 목적이 있었다. 기차는 좀 더 편하게 도착할 수 있지만, 수업을 빠지지 않고서는 도저히 탈 수 있는 시간이 아니라서 버스를 타기로 했다. 다음으로 준비해야 하는 게 숙박이었다. 매번 패키지로만 다니니까 숙박을 찾는 방법도 잘 몰랐다. 다른 사람들에게 팁을 얻어 숙박도 예약했다. 가이드를 자처한 친구가 있지만, 우리도 가보고 싶은 곳과 먹고 싶은 것, 사고 싶은 것들을 조사했다. 이미 이 과정에서 조금 지쳤다. 패키지가 없는 자유여행은 준비할 게 많았다.

드디어 여행 당일 수업이 끝나자마자 바로 청도로 갔다. 5시간에 걸쳐 도착한 청도 시외버스터미널에서 우리는 택시를 타고 숙소로 향했다. 예약한 숙소에 도착해서 다시 한번 언어의 장벽을 느꼈다. 중국은 우리나라와 다르게 숙박을 할 때 신분증이 필요하다. 우리는 신분증이 따로 없어서 여권으로 대신 한다. 예약할 때도 여권을 써넣어야 하는데 우리 이름으로 예약이 안 되어 있었다. 당장 다른 숙박을 잡기에도 벅차서 어떻게든 그 호텔을 이용해야 하는 상황이었다. 다행히 중국어를 조금 잘 하는 친구의 도움으로 그 호텔을 이용할 수 있었다. 2박 3일의 일정이 첫째 날부터 삐걱거렸다. 다음 날이 벌써 걱정되었다. 다음 날 만난 가이드를 자처한 중국인 친구들이 한국어를 굉장히 잘했다. 덕분에 이번 여행은 헤매는 일 없이 즐겼다. 이 첫 여행으로 느낀 점이 있다면 홀로 여행가는 건 불가능할 거 같다는 거였다. 단체 여행도 언어가 안 되어서 고생을 했는데 혼자 여행은 꿈도 꿀 수 없었다. 2박 3일간의 일정이 다 끝난 후 학교로 돌아와서 교수님께 여행을 다녀왔다고 말을 했다. 여행 이야기를 하니 교수님께서 언어를 배우는 데 좋은 방법의 하나가 여행이라고 하셨다. 영화나 드라마, 음악을 통해 언어를 배우는 것도 좋은 방법이다. 이 방법들은 듣고 보는 것에 집중이 되어 있다. 그 때문에 말하는 연습을 거의 못 한다. 여행을 가게 되면 자기가 좋든 싫든 어떻게든 언어를 듣고 사용해야 하므로 자연스럽게는다고 했다.

그 말에 공감하고 있을 차에 부모님께서 이 기회에 여행을 많이 다녀보라고 하셨다. 부모님의 지지로 여행의 용기가 생겼다. 아직은 혼자 갈 생각은 나지 않았다. 그 때문에 다음 여행도 친구와 함께 가기로 했다. 그토록 가고 싶었던 상하이를 계획했다. 계획은 순조롭게 짜졌다. 청도를 갔다 온 후이기에 뭐가 필요한지 알아서 거기에 맞게 계획을 짰다. 물론 항공권 구매로 애를 먹긴 했지만 큰 애로사항은 아니었다. 여행 계획을 한창 짜고 있을 때 뜻밖의 좋은 소식을 접하게 되었다. 중국에서 처음 맞는 빨간 날이 다가오고 있다는 거였다. 1주일간 휴강이었다. 그 기간에 어떤 사람들은 여행을 계획했다. 또 다른 사람들은 그 시간 동안 술만 마실 계획을 세우고 있었다. 난 그 기간을 헛되이 보내고 싶지 않았다. 나도 여행을 준비해야겠다고 마음먹었다. 여행지를 선정하고 같이 갈 사람을 구하기 시작했다. 그때 중국에서 알게 된 우영이 형의 모습을 보게 되었다. 그 형은 중국어를 전혀 배워본 적이 없는 형이었다. 중국에 온 지도 2달밖에 되지 않았다. 근데 그 형은 혼자 여행을 준비하고 있었다. 언어도 안 되는 형이 혼자 준비하는 모습을 보니 신기하기도 하고 걱정되기도 했다. 형에게 물어봤다.

"언어도 안 되고, 위험할 수도 있는데 왜 혼자 가요?"

형의 대답은 간단하면서도 충격적이었다.

"가고 싶은 여행지라서 가는 거지. 언어는 별로 고민 안 되는데?"

맞는 말이었다. 내가 가고 싶은 여행지를 남 눈치 보지 않고 가겠다는데 뭐가 재는 게 많으면 결국 못 가는 곳이었다. 나는 중국어를 2년을 배웠는데도 언어가 두려워서 가고 싶던 여행지를 미루고 있었다. 형의 그 모습을 보니 용기가 샘솟았다. 꼭 가고 싶던 난징으로 여행지를 정했다. 같이 갈 사람도 구하지 않았다. 혼자서 해보고 싶었다. 시간이 한 달이 조금 안 되게 남았지만 우선 기차표부터 샀다. 숙소를 고를 때는 신중했다. 혼자 가는 여행이라 게스트하우스는 조금 두려웠다. 조금 적응이 되면 게스트하우스를 가기로 마음먹고 첫 여행은 혼자 방을 쓸 수 있는 곳으로 예약했다. 여행 가기 며칠 전 중국인 친구들을 만났다. 그 친구들에게 이번에 나 혼자 난징으로 여행을 간다고 했다. 친구들 전부가 걱정했다. 무슨 일이 생기면 자기에게 전화하라는 사람도 있었다. 나는 설마 그런 일이 있겠냐고 답을 했다. 드디어 여행 당일. 기차 시간보다 한 참 일찍 출발했다. 기차역 근처에서 간단하게 아침을 먹고 난징행 기차를 탔다. 옌타이에서 난징으로 가는 방법은 비행기가 더 편하긴 하지만 꼭 기차여행을 해 보고 싶었다. 편도 7시간이 넘는 거리였지만 재미있을 것 같았다. 난징에 도착해서 예약한 숙소로 택시를 타고 갔다. 숙소에서 신분증을 달라고 하기에 여권을 보여줬다. 여권을 주니 직원들이 당황했다. 나에게 무슨 말을 하는데 하나도 못 알아들었다. 이야기는 못 알아들었지만, 분위기상 이곳을 이용하지 못

하는 것 같았다. 결국, 한국어 학과 중국인 친구에게 전화를 걸었다. 알고 보니 그곳은 법률상 외국인은 사용하지 못하는 곳인 것 같았다. 어쩔 수 없이 바로 옆 호텔로 갔다. 그곳에서도 이용을 못 한다는 말을 전해 들었다. 결국, 인터넷을 찾아서 한국인들이 후기를 남긴 게스트하우스로 갔다. 원래 당일 일정이 있었는데 숙박 문제로 시간을 많이 날려 먹고 너무 피곤했다. 첫날 일정은 포기하기로 하고 게스트하우스를 찾아갔다. 게스트하우스에 도착했을 때 다행이라고 생각한 게 두 가지가 있었다. 첫 번째는 게스트하우스이지만 2인실 방이 따로 있었다. 나는 그 방을 통째로 사용하기로 했다. 비용은 일반 방보다 조금 비싸긴 했지만, 호텔보다는 저렴했기에 고민 없이 그 방을 선택했다. 모르는 사람과 같이 이용하려면 무섭기도 하고 부담스러울 것 같았는데 다행이었다. 두 번째 다행인 점은 게스트하우스가 있는 곳이 피곤해서 포기했던 내 첫 번째 목적지였다. 그 곳에 게스트하우스가 있는지도 몰랐고 두 번이나 숙박 실패를 겪고 간 곳이기에 숙소의 위치도 제대로 몰랐다. 첫 번째 목적지이자 숙소는 부자묘 쪽이었는데 야경이 예술이었다. 근처에 강이 흐르고 그곳에서 사진을 찍는데 마치 베네치아를 찍는 것 같았다. 그 야경을 보고 나니 다른 곳은 가고 싶지 않았다. 2박 3일 일정인데 저녁 일정은 다 빼기로 했다. 그 야경을 보고 있자니 오늘 고생한 피로가 싹 씻겨 내려갔다. 다음 날 난징 대학살 기념관을 갔다가 공원도 산책하고 먹고 싶은 음식도 눈치 보지 않고 마음껏 먹었다. 두 번째 날은 긴장이 풀려서 그런지 마음에 여유가 생겼다. 용기도 생겨서 택시 기사님과 이야기도 하면서 갔다. 혼자 다니니 시간도 여유로워서 내가 간 곳 주변을 아주 꼼꼼하게 돌아봤다. 너무 꼼꼼하게 다녀서 몇 개월 후 다른 사람들과 다시 난징으로 여행 올 일이 생겼을 때 가이드를 해줬다. 마지막 일정 날 내 숙소 근처에 밀랍인형 박물관이 있어서 가 보았다. 혼자서 막 사진을 찍고 있으니 중국인들이 말을 걸어왔다. 한국에서 왔다고 하니 사진도 찍어주고 이야기 동무가 되어 주었다. 옌타이로 돌아올 때도 기차를 타고 왔다. 난징을 갈 때는 혼자서 가는 거라 지루하기도 해서 영화를 보면서 갔다. 이번에도 옌타이로 돌아갈 때도 영화를 볼 생각이었다. 자리에 앉는데 옆에 아저씨께서 어디서 왔냐고 묻길래 한국에서 왔다고 했다. 내 바로 뒤에 있던 내 또래로 보이는 중국인 여성이 한국어로 '한국에서 왔어요?'라고 말을 했다. 뜻밖에 들은 한국어에 어안이 벙벙했다. EXO의 엄청난 팬이라고 했다. 7시간을 혼자 심심하게 기차를 탈 뻔했는데 그 친구와 친해져서 많은 이야기를 나누었다. 무사히 옌타이로 돌아와서 한 가지 느꼈다. 혼자 여행을 하는 게 나에게 많은 도움이 된다는 것. 혼자서도 할 수 있다는 걸 알게 되었다. 정말 여행은 언어 실력 향상에 도움이 많이 되었다. 그 이후의 여행들은 순조로웠다. 여러 사람과 같이 다니는 여행도 내가 나서서 말을 할 수 있게 되었다. 홀로 해외여행은 새로운 나의 모습을 발견하고 자신감을 향상하게 도와준 계기가 되었다.

제4장
왜 극복인가

콤플렉스라는 건 나만의 전유물이 아니다. 다른 사람들 모두가 크든 작든 자신만의 콤플렉스가 있다. 차이가 있다면 콤플렉스를 대하는 자세다. 콤플렉스에 좌절하는 사람, 콤플렉스를 담담하게 안고 가는 사람, 콤플렉스를 극복하려는 사람 등 많은 자세가 있다. 나의 경우에는 마지막 극복을 택했다. 콤플렉스를 극복한다는 건 어려운 일이다. 이유는 꼭 극복이 아니어도 일상생활을 못 하는 건 아니기 때문이다. 성격이 소심하고 자존감이 바닥을 치더라도 그대로 조용히 살아갈 수 있다. 나는 콤플렉스라는 벽 너머의 생활을 동경해왔다. 극복했을 때 나에게 돌아온 열매는 상상 이상으로 달콤했다.

삶은 고난의 연속이다

고난에 대해서 생각해 본 적이 있다. 티브이나 책을 통해 고난이라는 단어가 많이 나온다. 그곳에서 사용하는 고난이라는 단어의 무게는 날이 갈수록 커지고 있다. 그 모습을 볼 때마다 나는 그 정도는 아닌데 왜 힘이 들까 하는 생각을 했다. 돌이켜 보니 나를 괴롭게 했던 건 언제나 '고민'이었다. 마음속으로 괴로워하며 속을 태우다 보니 그게 주변 환경에까지 영향을 주었다. 결국, 고민은 고난으로 이어졌다. 티브이를 보는 데 한 연예인이 어린 유치원생들을 보면서 한 말에 공감했다.

"저 때도 나름의 고민이 있었지."

어려서 아무것도 모를 거 같은 그 아이들에게도 고민은 있었다. 나도 그랬다. 작게는 학습지를 하기 싫어서 미루다가 혼났던 적도 있다. 친구와 다투어서 혼나는 게 두려웠던 적도 있다. 운동 신경도 좋지 않았기에 체육 시간은 언제나 기피 과목 1위였다. 특히 구기 종목은 최고 쥐약이었다. 고등학교 체육 때 농구를 배웠다. 잘 하든 못하든 무조건 참여해야 했다. 농구를 해 본 적이 거의 없었다. 못 하는 건 당연했다. 몇몇 친구들은 아예 처음 접하는 예도 있었다. 일부 몇 명을 제외하고 해 본 적은 있어도 정식으로 배워 보는 건 그 수업이 처음이었다. 처음 수업에서 실력의 차이는 없었다. 시간이 지남에 따라 운동 신경의 차이가 보이기 시작했다. 나는 조금도 실력이 좋아지지 않았다. 그 수업에서 가장 싫었던 건 연습게임이었다. 난 언제나 구멍이었다. 그때 들렸던 소리가 있었다.

"진짜 운동 신경 없다."

주눅이 들었다. 몸은 더 굳어갔다. 체육 시간을 피하고자 꾀병도 부렸었다. 고등학교 내내 이 수업은 극복하지 못했다. 구기 종목에 대한 두려움도 여전하다.

조금 크게는 이런 일도 겪었다. 초등학교 1학년이지만 덩치가 작아서 큰 친구에게 괴롭힘을 당할 때도 힘들었다. 어떻게 하면 이 친구를 피할 수 있을까. 이 상황을 벗어날 수 있겠느냐는 고민이 나를 따라다녔다. 태권도 체육관을 다닐 때도 고민이 있었다. 3살 형이 나에게 시비를 건 것이다. 시비를 건 이유를 아직도 잘 모르겠다. 약 1주일 동안 시달리다가 그 형이 나에게 흥미를 잃어서 벗어날 수 있었다. 그 1주일 동안 형을 마주치면 나를 괴롭혔기에 고통스러웠다.

좋아하는 친구가 있는데 고백도 못 하고 잃을 때, 그 친구가 나를 안 좋아한다는 것을 알게 되었을 때 모두 괴로웠다. 중학교 때는 대인 기피증까지 와서 밖을 못 나가는 등의 일도 있었다. 고난은 감기 바이러스처럼 매번 다른 모습으로 나를 찾아왔다. 익숙해질 시간을 주지 않고 계속해서 찾아왔다. 면역력도 생기지 않은 나에게 고난은 모든 순간이 힘들었다.

고난은 나에게 직접 오지만은 않았다. 고등학교 때 자존감이 조금씩 올라갔다. 친구들과의 관계도 좋아지기 시작했다. 앞으로 큰 고난은 없을 것 같았다. 어느 날이었다. 친구들과 저녁에 체육 수행평가 연습을 위해 만나기로 했다. 집에서 저녁을 먹고 어머니와 함께 쉬고 있었다. 아버지께서 집으로 들어오셨다. 아버지의 표정은 여느 때처럼 웃고 계셨지만, 그 웃음의 느낌이 조금 달랐다. 왠지 그 웃음엔 어둠이 보였다. 아버지께서 우리에게 종이 한 장을 내미셨다. 진단서였다. 진단서의 내용은 하나도 못 알아보겠는데 딱 한 글자 눈에 들어오는 게 있었다. '위암'이었다. 머리가 하얘졌다. 놀라서 아무 생각도 나지 않았다. 보통 드라마에서 보면 이때 눈물을 흘리던데 눈물도 나지 않았다. 이게 무슨 상황인지 자체를 인지하지 못했다. 어머니께서도 동시에 이 글자를 보셨다. 놀라서 잠시 정적이 흘렀다. 잠시 후 옆에서 흐느끼는 소리가 들렸다. 우리 모습을 보고 아버지께서는 웃으며 말씀하셨다.

"이거 초기니까 너무 걱정하지 마라. 이 정도 크기면 수술하면 바로 괜찮다."

거짓말 같았다. 애써 우리를 안심시키려는 말로 들렸다. 난 그 길로 집을 뛰쳐나갔다. 친구들과의 약속도 못 나가겠다고 했다. 독서실에 갔다. 앉아 있으니 그때야 눈물이 났다. 눈물이 멈추지 않았다. 고난이 이런 식으로도 찾아오니 이제는 하늘이 미워졌다. 눈물을 거두고 집으로 돌아오니 병원을 알아보고 계셨다. 빨리 수술을 할 수 있는 곳을 알아보는 데 잘 없었다. 대부분 예약이 다 차 있어서 거의 한 달 후에 수술할 수 있었다. 빨리 수술을 해야 안심이 될 것 같았다. 아버지 친구분의 도움으로 서울에 있는 병원에서 빠르게 수술 날짜를 잡으셨다. 수술 며칠 전 입원을 위해서 서울로 가야 했다. 그때 난 학기 중이어서 서울로 따라갈 수 있는 상황이 아니었다. 두 분만 보내고 나니 집이 허전했다. 수술 전날 저녁 어머니와 통화를 했는데 목소리가 다운되어 계셨다. 내가 할 수 있는 게 아무것도 없었다. 아버지는 병과 싸우시느라 힘드셨다. 어머니도 아버지를 간호한다고 많이 지치셨다. 나 혼자 편하다는 게 싫었다. 아버지 수술 시간에 맞춰 내가 뭘 할 수 있을까. 나는 따로 종교가 있는 게 아니었다. 부모님께서는 불교 신자여서 그 식으로 뭔가를 하고 싶었다. 내가 선택한 방법은 108배였다. 아버지 수술 시작 시각에 맞춰 서울 방향으로 108배를 시작했다. 처음 하는 것이어서 힘이 들었다. 이 힘듦은 부모님이 지금 겪고 있는 힘듦보다는 덜 하다는 생각으로 간절하게 기도했다. 절 한 번에 간절함을 실었다. 내 인생 가장 간절했던 기도였다. 수술이 끝나고 전화가 왔다. 다행히 수술은 잘 끝났다고 하셨다.

콤플렉스는 고난으로 이어졌고 그 고난은 아찔한 순간도 경험하게 했다. 소심한 성격을 고치고 사람들 앞에 나서고 싶은 사람들의 선택 방법은 나와 달랐다. 그 사람들은 우선 작은 소모임부터 시작했다. 소규모의 다른 사람들과 만나고 이야기를 나누면서 조금씩 확장해 가는 식이었다. 지금 활동하고 있는 스피치 동호회에서 그렇게 세상에 나오신 분들이 많았다. 나는 시작부터 대규모였다. 친구들 앞에서도 못 서는 내가 모르는 사람 60명 앞에 섰으니 떨리는 건 당연한 일이었다. 적응이 안 되었던 시기에는 다양한 일을 겪었다. 긴장으로 위경련이 다시 찾아와 식사는 고사하고 토도 했다. 적응은 쉽게 되지 않았고 도망가고 싶은 마음도 언제나 들었다. 처음 몇 달은 나에게 무대는 두려움 그 자체였다. 스트레스도 엄청났다. 일을 시작한 지 며칠 되지 않은 어느 날 행사 보조를 할 때였다. 내 역할은 메인 MC와 춤을 추는 것뿐이었다. 긴장되었다. 60명이 넘는 사람들 앞에서 춤을 추고 내 자리로 돌아갔다. 자리에 돌아오자 바로 앞이 까매졌다. 갑자기 까매진 게 아니라 시야가 좁아지면서 마치 터널에 빨려 들어가는 것 같았다. 아찔한 느낌이었다. 그 자리에 바로 주저앉았다. 주변 이야기가 아무것도 들리지 않았다. 앞도 보이지 않았다. 의식이 있는 것 같으면서도 몸은 따라주지 않았다. 기절이었다. 그때 내 자리는 관객들이 잘 보이지 않는 자리여서 아무도 내가 기절한 줄 몰랐다. 잠시 후 알아서 기절에서 깨어났다. 이유가 뭔지 잘 몰랐다. 알고 보니 신경 심장성 실신이었다. 극심한 신체적 또는 정신적 긴장으로 인해 혈관이 확장되고 혈압이 낮아져서 의식을 잃는 것이다. 극단적인 방법으로 성격을 고치려다 보니 스트레스가 많이 쌓였다. 그 이후로도 3번의 기절을 경험했다. 기절이 갑자기 오는 게 아니라 시야가 좁아지는 잠깐의 시간이 있다. 난 그때 무조건 그 자리에 신발 끈을 묶는 자세로 앉았다. 그 덕분에 사람들은 내가 기절한 줄도 몰랐다. 기절은 짧을 땐 금방 깨지만 길어질 땐 얼마나 걸렸는지 잘 몰랐다. 무대에 적응되지 않은 나에겐 총 4번의 기절을 겪었다.

　이처럼 고난은 나에게 직접 찾아올 때도 있고 간접적으로 찾아올 때도 있었다. 내가 어떻게든 이겨낼 수 있는 고난이 있고 없는 고난이 있다. 그 고난들을 전부 고스란히 받아들이기에는 힘들었다. 그중 몇 가지만 없어져도 행복해질 것 같았다. 내가 선택한 건 콤플렉스 극복이었다.

부족한 것을 인정하라

예전에 티브이를 보면서 공황장애를 겪었던 연예인이 했던 이야기가 묘하게 와 닿았다.

"공황장애를 내가 걸렸다는 걸 인정하는 게 제일 어려웠다."

내가 공황장애를 겪었던 건 아니다. 마음의 아픔을 겪었던 적이 있기에 이 말에 공감이 갔다. 특히나 그 연예인이 겪었던 일 중 똑같은 걸 겪었기에 공감이 되었다. 많은 사람이 있는 곳에 가면 내 이야기가 들리는 것 같다는 증상이었다. 그 연예인은 자기가 아프다는 걸 인지하고 치료에 전념했다. 몸이 아프면 병원에 가서 치료를 받을 생각을 한다. 마음이 아픈 것도 병이라는 걸 사람들이 잘 모른다. 마음의 상처는 자신의 상처를 바라보고 인정하는 것에서부터 시작된다.

내가 외모에 자신이 없어지고 밖을 안 나가면서 하게 된 생각은 하나였다.

왜 이럴까. 왜 예전의 나로 돌아갈 수 없을까. 이 생각이 들 때마다 더욱 자괴감에 빠졌다. 일진들에게 괴롭힘을 당할 때도 원망만 했다. 그저 당당했던 과거만 그리워하고 있었다. 그런 내가 성격을 고치기 위해 가장 먼저 한 건 나를 마주 보는 연습이었다. 이 전에는 거울을 볼 때마다 나에 대해 원망만 했다. 거울 속의 나는 못생겼고 뚱뚱했다. 그런 모습이 싫어서 나를 피했었다. 누군가가 알려주지는 않았지만, 그냥 거울 속의 나를 피하지 않고 봤다. 처음엔 당연히 보기 싫은 나의 모습이었기에 욕을 했다. 적응이 쉽게 되지는 않았지만 피하지 않았다. 피하지 않고 계속 볼 수 있었던 이유가 뭔지는 잘 모르겠다. 거울을 피하지 않고 보니 어느새 욕을 하지 않기 시작했다. 욕하는 것도 지쳐서였을까? 어느 날부터는 무덤덤해지기 시작했다. 외모가 잘생겨지거나 그런 게 아니었다. 그냥 무덤덤해졌다. 생각보다 빨리 이렇게 성과를 낼 수 있었던 건 주변 환경도 도움이 되었다. 고등학교 때 아침 일찍 학교에 고 야간 자율 학습에 학원까지 다녔다. 매일 보는 사람을 제외하고는 밖에서 사람을 만날 일이 없었다. 사람들이 내 외모에 대해 말하는 모습을 볼 기회가 줄었다. 시간이 지나니 그런 증상도 사라졌다. 그냥 나를 받아들였다. 20살 때 외모에 대해 진짜로 지적받은 일이 있었다. 한 번은 직접 들은 이야기이고 한 번은 다른 사람을 통해 어쩌다가 듣게 되었다. 간접적으로 듣게 된 이야기는 대학교 1학년 2학기 때의 일이었다. 한 선배가 내 외모에 관 이야기를 한 적이 있다고 동기에게 듣게 되었다. 동기도 숨기는 듯 둘러서 이야기를 했다. 그 선배가 내 외모가 걱정된다는 식으로 이야기를 했다고 했다. 그 말을 들었을 때 순간은 기분이 나빴다. 그 기분 나쁨은 오래가지 않았다. 이미 내 마음엔 나를 받아들이고 있었기 때문이다. 이후 술집에서 직접적 외모에 대한 말을 들었다. 군대 입대를 앞두고 같이 이벤트 아르바이트를 하던 형들과 같이 술자리를 가지게 되었다. 그 자리에서 한 형이 내 얼굴을 뚫어지게 보며 말했다.

"진~짜 못생겼다."

나는 웃으면서 대답을 했다.

"알아요."

이미 내게 외모 콤플렉스라는 건 없었다. 아직도 외모에 대해 자신이 없는 건 맞다. 외모에 신경을 안 쓰는 것도 아니다. 좀 더 가꾸려고 노력을 하고 있다. 중학교 때와 다른 점은 마음의 차이다. 누가 내게 외모로 지적을 해도 그냥 그대로의 나를 받아들일 수 있게 되었다. 내게 있어 마음의 상처를 치유하는 것은 외모를 받아들이는 데부터가 시작이었다.

외모 콤플렉스를 조금씩 잊기 시작했지만, 외모 콤플렉스가 동반한 마음의 불안은 또 다른 문제로 자리 잡았다. 그 문제는 다른 사람 앞에 서지 못하는 것이다. 아직은 많은 사람 앞에서 주목을 받고 말하는 데 두려움이 컸다. 그에 관한 결과로 프레젠테이션이 끝나고 위경련이 와서 구토도 했다. 첫 번째 프레젠테이션이 끝나고 선택지는 두 가지였다. 앞으로 발표를 피하는 방법도 있고 맞서서 극복하는 방법이었다. 전자를 택하는 사람들의 모습을 많이 봤었다. 피하려면 피할 방법은 여러 가지였다. 잘 피해 다녔지만 어쩔 수 없이 발표해야 하는 경우가 생길 때 그 사람들은 괴로워했다. 나는 내 부족함을 받아들이고 맞서기로 했다. 옛날에 당당했던 나를 그리워하던 나를 지웠다. 그냥 지금의 나를 받아들였다. 중학교 때부터 안 좋은 일을 겪었으니 이런 일이 일어나는 게 당연하다고 생각하기로 했다. 자기 합리화로 보일 수 있겠지만 조금 달랐다. 저 생각을 하면서 동시에 한 생각이 있다. '환경이 바뀌었으니 성격도 고칠 수 있다.' 그런 생각을 하며 시간이 지나니 뭔가를 도전할 수 있을 것 같았다. 그 길로 MC라는 일에 도전했다. 결과는 성공이었다. 내 부족함을 인정하지 않고 과거의 영광만 생각하고 피하려고만 했다면 이룰 수 없는 결과였다. 마음의 상처를 극복하는 첫 단추가 무엇인지 깨닫게 되었다.

마음의 병을 인정하지 않는 데에 선입견이 크게 영향을 끼치고 있다고 생각한다. 사람들은 누구나 언제든지 정신적 질환에 걸릴 가능성이 있는 것 같다. 성격 좋고 사교성 좋고 나서는 걸 좋아하던 내가 완전히 반대 성격이 되는 데 1년이 체 걸리지 않았던 것처럼 누구나 가능성은 있다. 그걸 사람들은 인정하지 않고 숨기려고 하고 괜찮다고 최면을 건다. 왜 숨기려고만 할까. 우리나라는 참견이라는 게 너무 심하다. 어릴 때부터 일기를 검사받는 나라이니 자연스럽게 참견이라는 걸 알게 된다. 서로가 참견이 심하니 그에 대해 예민하게 반응도 한다. 인식이 많이 바뀌었다고는 하지만 아직 무의식 속에 부정적 이미지가 남아있다. 인정하지 않으니 극복하는 방법도 없고 치료 시기도 놓쳐서 사고로 이어진다.

우리나라 자살률만 봐도 그렇다. 우리나라 자살률이 유럽연합 전체 평균의 2.6배에 달하기도 하고 경제협력개발기구에서 2003년 이후 자살률 1위라는 불명예를 지니고 있다. 자살만 해도 큰 문제이지만 최근 들어 더 큰 문제로 이어지고 있다. 바로 묻지 마 범죄이다. 2016년 때 묻지 마 범죄가 갑자기 증가했다. 그 범죄로 여성 혐오에 관한 이야기도 많이 나왔다. 강남역 화장실 사건이다. 30대 남성이 20대 여성을 흉기로 찔러 사망케 했고 이 남성은 '여자들이 날 무시해 살인을 저질렀다.'라고 말을 했다. 전문가는 묻지 마 살인은 생의 마지막 행동으로 세상에 대한 불만이나 인가에 대한 혐오, 자기 자신에 대한 열등감이 원인이 된다고 했다. 이 사건이 일어나고 친구와 이 주제로 이야기를 한 적이 있다. 내 친구는 왜 여성 혐오, 남성 혐오가 생기는지 이해가 안 된다고 했다. 나는 솔직히 이해가 되었다. 살인을 이해한다는 말이 아니다. 혐오 감정이 생길 수도 있다는 걸 이해했다는 말이다. 난 친구에게 이렇게 말을 했다.

"다른 사람의 말 한마디, 생각 없이 한 행동을 한 사람에게는 인생이 나락으로 빠질 수도 있는 일이다. 그때의 트라우마가 점점 커져서 혐오라는 감정이 생기고 잘못된 표현을 하게 된다. 자신의 부족함을 피하지 않고 인정하고 상처를 치료했더라면 그런 끔찍한 결과가 나지 않았을 거다."

부족한 것과 상처를 인정하는 것은 상당히 어렵다. 어려움을 넘어서 고통스럽다. 숨기고 피하고 싶은 기억을 끄집어내서 봐야 하기 때문이다. 내 상처를 계속 들여다보면 그 아픔은 무뎌지게 되어 있다. 그 무뎌짐은 점차 나를 받아들이고 사랑할 수 있게 만들어 준다. 나를 넘어서는 데 그 기간이 가장 힘들다. 그 이후에 힘든 일이 없는 건 아니다. 무수히 많은 시련이 기다리고 있다. 첫 단추만 잘 끼웠다면 그다음에 오는 고통을 이겨내는 방법도 안다는 뜻이다. 첫 단추 이후에 오는 고통은 트라우마로 이어지기보다는 나 자신과의 싸움으로 이어지게 되어있다. 이 전에는 일방적인 고통이었지만 이제는 싸움이라는 걸로 넘어갈 수 있게 된다. 그 싸움에서 승리하는 방법 또한 인정하는 것부터 시작이다.

자신과의 싸움에서 승리하라

콤플렉스의 극복은 언제나 자신과의 싸움이었다. 나의 약점을 제일 잘 아는 상대와 싸워야 하는 과정이었다. 그 상대는 가장 취약한 약점과 상처만 파고들었다. 자신을 괴롭히는 콤플렉스에 정면으로 맞서는 것부터가 시작이었다. 괴로운 일이었다. 나를 옥죄는 콤플렉스는 너무나 거대해 보였다. 다른 사람이 보기에 별거 아닐 수 있는 일이었지만 당시 나에겐 너무나 거대한 존재였다. 콤플렉스나 고난을 마주했을 때의 무서움도 크지만, 그 싸움이 언제 어떻게 끝날지 모르기에 더 두려웠다. 성격을 고치고자 마음먹었을 때 든 생각은 다양했다. 내가 이걸 극복하지 못 하는 건 아닌가. 피하면서 살아도 되지 않을까. 괜히 맞섰다가 상처만 더 깊어지는 것은 아닌가. 등의 생각은 싸움에서의 승리는커녕 시작도 못 하게 나를 막아섰다. 처음으로 상처와 마주 본 날 예상은 적중했다. 상처는 너무 아팠고 보기 싫었다. 욕을 실컷 했다. 거울 속의 나에게 실컷 욕을 하고 욕을 들었다. 욕을 하는 게 지칠 때쯤 욕에 대한 내성이 생기기 시작했다. 사람들에게 욕을 들어도 멀쩡해졌다. 상황도 잘 맞아떨어졌고 운도 따라줬다. 중학교 때와는 다른 착한 친구들. 학교, 학원 외에는 다른 사람을 만날 일이 없던 빡빡한 일정. 나 자신과 싸우기에는 최고의 무대가 차려졌다. 친구들과의 관계부터 시작했다. 착했던 친구들이었기에 나의 외관과는 무관하게 나를 받아줬다. 그 친구들 덕에 사람을 피하던 성격을 이겨냈다. 예전에는 내가 다가가면 사람들이 불편해하지 않을까, 싫어하지 않을까 하는 걱정이 먼저 들었다. 피하지 않고 먼저 사람들에게 다가갔다. 생각과는 다르게 사람들은 나를 잘 받아줬다. 언제 끝날지 몰라 망설였던 싸움이 끝이 났다. 걱정과는 다르게 상처 없이 기간도 생각보다 짧았다. 첫 싸움에서 빠른 승리를 거둔 후 자신감이 생겼다. 잠시 후 나의 두 번째 싸움이 시작되었다. 나의 두 번째 싸움은 무대였다. 소수의 사람 앞에선 말도 잘 하고 잘 지냈다. 여러 사람 앞에서 말을 하고 주목을 받는 즉시 심각하게 긴장이 되었다. 이걸 극복하는 것은 역시 나와의 싸움밖에 없었다. 이런 걸 극복하는 법에 대해 누가 알려주지도 내가 물어보지도 않았기에 방법을 몰랐다. 뭐부터 시작해야 할지도 몰랐다. 외모 콤플렉스와 사람을 피하는 성격은 계속 거울과 사람을 만나는 것을 하면 되었다. 상처가 무뎌지고 자신감이 생길 때까지 그 상황에 노출되기만 하면 되었다. 사람들 앞에서 말을 하는 건 경우가 달랐다. 그런 자리가 자주 있는 게 아니었다. 많은 사람 앞에서 이야기하는 게 익숙해질 때쯤 무대에 설 기회가 없어졌다. 공백기가 길어지고 다시 무대에 섰을 때는 이 전과 똑같이 긴장되었다. 무대에 설 기회가 자주 없고 공백기가 왔다 갔다 했다. 그 덕분에 이 싸움을 더하기 싫어했다. 사람들 앞에 많이 서야 하는 경우가 잘 없는데 꼭 이 싸움을 해야 하는 건가. 무대가 없으니 이 싸움이 얼마나 길어질지 이번에는 진짜 모르겠다. 등의 생각이 나를 막아섰다. 이 싸움을 꼭 해야 하는가에 대한 질문에 답이 나왔다. 내가 내린 답은 무조건 해야 한다였다. 인터넷에서나 다른 선배들의 말을 들어보면 앞으로 그런 무대에 서야 하는 경우가 무조건 한 번은 있다고 했다. 작은 일이야 망치면 잠깐의 창피함을 동반하고 끝이 난다. 크고 중요한 일에서 한 발표는 기회이자 동시에 리스크를 동반하기 때문에 피한다고 될 일이 아니라고 사람들이 말해줬다. 무대는 어떠한 경우든 마주해야 할 일이었다. 결국, 난 싸움을 택했다. 그 싸움의 무대는 아르바이트로 택했다. 모르는 사람들과 말을 많이 하다 보면 긴장도 덜 하고 말도 잘 할 수 있을 거라고 믿었다. 작은 것부터 시작했어야 했다. 천천히 싸움을 시작했어야 했다. 방법이 심하게 극단적이었다. 많아 봐야 10명 전후의 사람을 대하는 연습부터 시작하는 게 맞다. 내가 선택한 아르바이트는 MC로 적어도 60명의 사람 앞에 서야 했다. 방법이 극단적이었기에 이 싸움에서 패배한다면 상처는 걷잡을 수 없게 커질 것 같았다. 반대로 이긴다면 다른 방법보다 빨리 내 성격을 고칠 수 있을 것 같았다. 모 아니면 도였다. 당장에 패배할 게 눈에 보이는 게임이었다. 내 목표를 다시 세웠다. 눈앞의 몇 번의 승리와 패배가 아닌 완전히 승리할 때까지로 세웠다. 그러기 위한 전제로 포기하지 않기였다. 보조 MC부터 시작이었지만 예상대로 시작과 동시에 몇 번의 패배를 맛봤다. 패배는 위경련이라는 모습으로 찾아왔다. 위경련을 맞이하면서 몇 번 졌다. 포기하지 않고 무대에 섰다. 몇 번 더 무대에 서 보니 위경련이 일어나지 않았다. 계속 지다가 이제는 이겼다고 생각했다. 다음 패배는 기절이라는 모습으로 나를 찾아왔다. 무대에 대한 스트레스로 총 4번의 패배를 했다. 그 이후로는 위경련이나 기절이 없었다. 이제 많은 사람 앞에서 떠는 게 없어졌다. 패배가 없어질 때쯤 나는 새로운 싸움을 준비했다. 패배하기만 했으니 승리하는 삶을 살아보기로 했다. 그 첫 번째 도전이 메인 MC로 무대에 서는 거였다. 앞서 두 번의 승리를 통해 자신감은 충만했다. 보조 MC였지만 경험도 많이 했기에 잘 할 자신이 있었다. 첫 번째 무대도 생각보다 반응이 괜찮았기에 이번에는 패배 없이 승리만 있을 줄 알았다. 오만이었다. 두 번째 무대부터 대부분 패배만 있었다. 그 패배의 모습은 조금 다양했다. 작을 땐 나 스스로가 만족 못 하는 거로 끝났다. 클 때의 경우에는 클레임이라는 모습으로 나에게 왔다. 패배를 여러 번 맛보고 포기하려고 했다. 아직은 내가 도전할 때가 안 되었다고 생각했다. 그때 내게 용기를 넣어주고 힘이 되어준 건 팀이었다. 사람들이 나를 믿어주고 응원해줬다. 그 사람들은 모자란 나와 기꺼이 같이 가 주었다. 덕분에 포기하지 않고 다시 한번 승부를 걸었다. 눈을 조금 낮추기로 했다. 처음에는 목표를 높게 잡았었다. 하루아침에 최고의 사회자가 되어야 한다는 마음이 컸다. 그건 불가능하다는 것을 깨닫고 작은 것부터 하나씩 승부를 걸었다. 첫 번째는 나의 만족을 위한 승부였다. 어떤 사회를 봐도 나 스스로가 재미있어야 한다는 마음으로 임했다. 두 번째는 소통이었다. 내 마음에 여유가 없어서 사람들과 소통을 하지 않고 일방적인 진행만 했다. 이 두 가지 승부에서 이기면서 자신감이 생기고 자존감이 높아지기 시작했다. 이후의 싸움에서는 패배는 거의 없었다. 일방적인 승리만 있을 뿐이었다. 이 싸움은 총 5년이라는 시간이 걸렸다. 그 5년 동안 깨달은 게 두 가지가 있었다. 하나는 포기하지만 않으면 나와의 싸움은 이길 수 있다는 점이다. 또 하나는 혼자가 힘들면 다른 사람의 도움을 받을 수 있다는 점이다. 둘 다 간단한 이치이지만 이것을 알고 행하는 데는 많은 시간이 걸렸다.

내가 원했던 삶은 언제나 패배하지 않는 삶을 사는 건 아니다. 패배 없는 삶을 사는 방법도 알고는 있다. 패배 없는 삶은 아무것도 하지 않으면 이루어진다. 아무것도 하지 않으면 패배할 일도 실패할 일도 없다. 그와 동시에 승리할 일도 내가 발전할 일도 없다. 언제나 이기는 것만을 바라는 건 아니다. 내가 원하는 것은 패배가 두려워서 아무것도 하지 않고 숨기만 하는 내가 되기 싫은 것이다. 그저 필요하다면 싸울 수 있는 용기가 갖고 싶었다. 그런 마음이 더 간절했다. 몇 번의 싸움을 통해 승리하는 방법에 대해서도 감을 잡았다. 교수님께서 하신 말씀 중에 기억나는 말씀이 있다.

"어떤 일이든 일정한 경지에 도달해 본 사람이면 다른 걸 도전해도 잘 해낸다. 남들보다 일찍 도달하는 방법을 알고 있다."

맞는 말인 것 같았다. 승리하는 방법에 대해 감을 잡은 이후로 크게 달라진 점이 있다. 이 전이나 지금이나 승부가 쉬웠던 적은 없다. 승부는 언제나 고통을 동반했고 힘들었다. 상황은 똑같았다. 내게 달라진 점은 마음가짐이었다. 처음 나와의 싸움을 시작할 때는 고통이 찾아오면 어김없이 숨거나 도망가고 싶었다. 피할 수 있다면 피하고 싶었다. 언제 이 고통이 끝날까 두려움에 떨고만 있었다. 지금도 힘은 들지만 두려움은 없다. 이 고통은 내가 이겨낼 수 있고 결국엔 내가 승리할 거라는 걸 확신하기 때문이다. 몇 번의 승리를 통해 나와의 싸움의 승자는 언제나 나라는 걸 알게 되었다. 싸움이 같았던 적은 없었지만 가는 길은 일맥상통했다. 비슷한 길을 걸어 봤기에 두려움은 없었다. 그 길의 끝에는 언제나 승리한 나의 모습이 있었다. 나와의 싸움에서의 승자는 언제나 나라는 걸 의심하지 않게 되었다.

콤플렉스가 주는 선물

콤플렉스는 언제나 내 자존감을 낮추고 힘들게만 하는 존재였다. 아니 그런 존재로만 남을 줄 알았다. 지나서 보니 콤플렉스는 나에게 뜻밖의 몇 가지 선물을 남겨주었다. 콤플렉스들을 하나씩 극복해가면서 나의 성격에도 변화가 있었다. 성격은 크게 3번의 변화가 있었다. 첫 번째는 중학교 1학년 이전과 이후로 나뉘었다. 두 번째로 나뉜 건 20살 이전과 이후이다. 중학교 1학년 이전의 성격은 당당함 그 자체였고 자존감도 높았다. 반장 선거에는 한 학년을 제외하고는 다 나갔고 학예회의 사회는 언제나 나의 몫이었다. 친구들과의 관계도 좋았다. 그 당시의 나는 외향적이었다. 중학교에 진학하고 나서부터는 달라졌다. 외모 콤플렉스로 인한 대인 기피증. 일진들에 의한 괴롭힘 등의 사정으로 나날이 자존감이 하락하였다. 남들 앞에 나서려고 하지 않고 숨으려고만 했다. 성격이 내성적으로 바뀌었다. 고등학교 때에도 크게 달라진 건 없었다. 그저 운이 좋아서 친구들과의 관계가 회복된 것이고 사람을 피하지 않게 되었을 뿐이었다. 성격 그 자체가 외향적으로 바뀐 건 아니었다. 대학교에 진학해서 성격을 바꾸고자 마음먹고 도전을 했다. 그 도전의 결과는 다시 한번 나의 자존감을 높여주고 성격을 외향적으로 바꿀 수 있게 되었다. 이 몇 번의 변화로 인해 선입견이 생겼다. '내성적인 성격은 무조건 좋지 않고 외향적인 성격이 무조건 좋다.'라는 잘못된 생각을 하게 되었다. 외향적으로 성격이 바뀐 후 사람들과의 관계도 좋아지고 하는 일에도 거침이 없어졌다. 아니 그렇다고 생각했다. 난 이 성격을 다른 모든 사람이 다 좋아하는 줄 알았다. 그 생각을 깨게 된 것은 바로 군대에서의 일이다. 어느 날 밤에 선임과 함께 야간 근무를 서고 있었다. 그때 선임이 나에게 이렇게 말했다.

"난 너 같은 성격이 싫다."

솔직히 충격적이었다. 모든 사람이 다 좋아하는 줄 알았던 이 성격을 싫어하는 사람이 있다는 것이 충격이었다. 그 선임은 이 성격이 왜 싫은지도 이야기를 해주었다. 예전에 나와 똑같은 성격을 가진 사람을 만났는데 그 사람에게 뒤통수를 맞은 일이 있었다고 했다. 그 이후로 이런 성격을 가진 사람들은 무슨 생각을 하고 있는지 모르기에 싫다고 했다. 당시에는 지극히 개인적인 경험에서 나온 오해이고 결론이라고 생각했다. 그렇게 생각했음에도 모든 사람이 이런 성격을 좋아하는 건 아니라는 점은 인식하게 되었다. 시간이 지나면서 이 일은 잊혀졌다. 전역하고 사회에 나와서도 다시 비슷한 일을 겪게 되었다. 다시 일을 이 성격은 형들과의 충돌로 이어졌다. 자존감이 강해지면서 하고 싶은 말은 꼭 해야 했다. 나보다 나이가 많은 사람은 이런 내 모습을 좋게 봐주지 않았다. 결국, 술자리에서 이런 이야기를 듣게 되었다.

"너는 진짜 정이 안 간다."

뒤통수를 강하게 맞는 느낌이었다. 내가 얼마나 평소에 하고 싶은 말을 다 했으면 이 정 많고 착한 사람이 나에게 이런 말을 했겠느냐는 생각이 들었다. 그 형에게는 정말 미안했다. 그 이야기를 듣고 집에 와서 생각을 해보았다. 내가 어디부터 어떻게 꼬인 것일까 하는 생각을 했다. 어떻게 하면 사람들과의 관계가 나빠지지 않을까 하는 생각을 하게 되었다. 얼마 후 수업 시간에 교수님께 한 가지 이야기를 듣게 되었다.

"내성적인 성격이 꼭 나쁜 건 아니다. 외향적인 사람들은 할 수 없는 것을 내성적인 사람은 할 수 있다. 남들 앞에 나서는 걸 잘한다고 해서 모든 걸 잘 할 수 있는 건 아니다."

이 말은 머릿속에서 잊히지 않았다. 왠지 이 말이 문제를 해결해 줄 것만 같았다. 애석하게도 당장에 그 답은 찾지를 못했다. 그 말을 되뇌며 살던 어느 날 학원에서 성격에 관해 이야기할 기회가 생겼다. 주제는 역시 외향적 성격과 내성적인 성격이었다. 그 자리에서 나는 아무 말도 안 하고 듣고만 있었다. 사람들의 생각이 너무 궁금했다. 대부분 사람은 외향적 성격이 좋다는 점만 강조했다. 그 자리에서 내성적인 성격을 가진 친구들도 있었는데 그 친구들은 아무 말도 못 하고 있었다. 그 친구들에게도 장점이 있을 터라는 생각이 들었다. 그때 선생님께서 입을 닫고 듣기만 하던 나에게 말을 했다.

"너는 내성적인 성격이랑 외향적인 성격이랑 둘 다 겪어봤잖아. 내성적인 성격에 대해서 어떻게 생각해? 뭐가 더 좋아?"

이 질문을 받고 갑자기 많은 생각이 떠올랐다. 7년이라는 길다면 길고 짧다면 짧은 내성적인 성격을 가진 경험이 있었다. 그때의 나는 어땠을까. 지금의 나와는 어떤 차이가 있고 어떤 장점이 있겠느냐는 생각을 했다.

"내성적인 성격이 꼭 나쁜 건 아니에요. 내성적이었을 때 저는 남 앞에 잘 나서지는 못했지만, 혹시나 있을 그런 자리를 위해 꼼꼼하게 준비를 했어요. 지금 성격과는 다르게 차분하고 꼼꼼함이라는 무기가 있었습니다. 그러니 외향적인 게 무조건 좋다고는 할 수 없어요."

그 자리에서는 이렇게 말을 하고 집으로 돌아와서 더 곰곰이 생각해 보았다. 내성적일 때의 나는 지금의 나와는 다른 모습들이 많았다. 생각 자체가 부정적이었기에 안 좋았던 사례가 많았지만, 강점도 확실하게 있었다. 외향적으로 바뀌면서 꼼꼼함이라는 무기를 잃었다. 차분하게 주변을 돌아보는 시각도 잃었다. 나보다 다른 사람을 먼저 생각하는 마음도 없어졌다. 지금 나에게 가장 필요한 부분을 예전의 나는 가지고 있었다. 나는 지금의 문제점을 예전의 나에게 배우기 시작했다. 자랑이라고 여겼던 성격에서 단점을 버리는 연습을 했다. 지독하게 싫어했던 예전의 성격에서 장점을 찾는 연습도 했다. 죽도록 미워했던 콤플렉스가 훗날 나에게 이렇게 뜻밖의 선물을 주게 된 것이다. 두 성격의 장점을 섞을 수 있는 것이 첫 번째 선물이었다.

두 번째 선물은 나에 대한 고찰이었다. 지금 문제점의 해답을 과거의 나는 알고 있다는 생각이 들었다. 그 이후 과거의 나를 만나기 위해 노력했다. 죽도록 싫어했던 과거의 상처를 바라보았다. 그냥 싫어하기만 하고 덮으려고만 하고 치료도 하지 않으면서 낫기를 바라는 나의 모습도 보았다. 조금 더 내면의 나를 찾고 싶어서 방법을 찾아보았다. 사람들이 자기를 찾기 위해 여행을 다닌다고 해서 혼자 여행도 해보았다. 처음으로 간 혼자 여행에서 나는 외로움보다 자유로움과 오롯이 혼자만의 시간을 얻었다. 좀 더 깊은 내면의 나와 마주할 수 있게 되었다. 나와 마주하면 할수록 나에 대해 몰랐던 것이 많았다는 걸 알게 되었다. 많은 사람이 현재는 역사의 반복이고 역사를 잊은 민족에게 미래는 없다고 말을 한다. 그게 꼭 역사에만 통하는 말이 아닌 것 같았다. 지금 나에게 필요한 답을 과거의 나는 말해주고 있었다. 과거의 나는 잘못된 성격이었으니 그때의 내가 하는 말 역시 틀렸다고 생각했다. 열심히 답을 알려주는 나에게 귀를 닫은 것 역시 나였다. 많은 시간을 나에 대한 고찰에 투자했다. 시간이 흘러 창원에 있는 한 스피치 동호회에 가게 되었다. 그곳에서는 나에 대해 이야기를 해야 하는 질문이 많이 나왔다. '내가 가장 좋아하는 물건은 무엇인가?' '부모님께 받은 최고의 장점은 무엇인가?' 등의 질문이었다. 이런 질문들에 답을 하는 데 나는 망설임이 없었다. 나에 대해 많은 생각을 했기에 당황하지 않았다. 질문들에 답을 하면서 좀 더 나를 생각할 기회가 되었다. 나에 대해 아는 것이 가장 중요하다고 사람들이 말을 했다. 누구나 이 말은 한 번쯤 들어봤을 거고 중요하다고 알고는 있다. 하지만 왜 중요한지에 대해 말해 주는 사람은 없었다. 나에 대해 전문가가 되라고 했던 사람 중 그 끝엔 뭐가 있는지 과연 알기나 할까라는 의문점이 들었다. 나에 대해 고찰을 하면서 한 가지 든 생각이 있다. 나를 아는 건 정말 중요하다는 것이다. 모두가 똑같은 이유로 나를 찾으라고 하는지는 잘 모르겠다. 그냥 나의 경우에는 나를 찾는 과정에서 많은 걸 깨달았다. 지금의 문제점을 해결할 답을 찾았다. 잊고 있던 나의 강점도 찾았다. 그 점들을 다 뛰어넘어서 가장 중요한 걸 알게 되었다. 바로 마음의 평화였다. 나의 상처들을 마주 보고 꺼내보고 이유를 찾아보면서 자연스럽게 치유하는 방법을 찾게 되었다. 그 상처들은 이제 다 나아서 굳은살로 바뀌었고 그 위에는 상처가 잘 나지 않았다. 기쁠 때와 슬플 때의 편차가 커서 파도와도 같던 내 마음이 잔잔한 호수가 되는 것이 느껴졌다. 콤플렉스는 나의 고찰을 통해 마음의 안정이라는 선물까지 나에게 가져다주었다.

극복의 결과는 환희다

내 앞을 막고 있는 큰 벽은 너무 높아서 끝이 보이지 않았다. 심지어 그냥 벽이 아니었다. 가시가 박혀있는 벽의 모습이었다. 살짝 벽을 만지는 것만으로도 아팠고 상처가 났다. 벽이 높아 끝을 가늠하지 못하니 벽 너머에 어떤 것이 있는지는 몰랐다. 상상도 안 되었고 감도 잡히지 않았다. 극복하면 좋다고 하는데 벽 너머에 또 벽이 있는 건 아닐까. 낭떠러지가 있는 건 아닐까 하는 부정적인 생각은 언제나 있었다. 벽을 만질 수 있는 굳은살이 생겼다. 벽에 박혀있는 가시를 잡고 벽을 올라갔다. 벽은 생각보다 높지 않았다. 내 부정적인 마음이 벽의 끝은 없다고 믿었을 뿐이었다. 막상 올라 가 보니 높지 않았다. 벽을 넘었다는 기쁨도 잠시였다. 벽 뒤의 모습은 부정적인 생각이 맞았었다. 벽 너머에는 새로운 벽이 나를 기다리고 있었다. 심지어 더 큰 벽이었다. 한 번의 성공은 나에게 큰 용기를 줬다. 벽의 크기는 더 커 보였지만 해낼 수 있을 것 같았다. 그 벽에도 가시가 있었지만 아프지 않았다. 아니 아프지 않은 줄 알았다. 시간이 지나면서 굳은살은 벗겨지고 새로운 상처가 늘어갔다. 가시를 잡은 손을 놓으면 당장은 아프지 않을 것 같았다. 발밑을 보니 지금 손을 놓으면 앞서 힘들게 올라온 벽 밑으로까지 떨어져야 했다. 떨어지고 난 후에는 다시 오를 자신은 없었다. 다행히 다른 사람들의 도움으로 벽을 올라갔다. 도움을 받아 올라온 벽 뒤는 상상도 못 한 모습을 하고 있었다. 경험상 벽 뒤에는 또 벽이 있어야 했다. 이전이었으면 분명히 벽이었어야 할 일이 이제는 오르막으로 바뀌어 있었다. 가시도 없었고 떨어질 일도 없었다. 힘은 들 수 있어도 못 갈 것 같진 않았다. 극복의 결과는 나에게 자신감과 하면 된다는 마음을 심어줬다. 극복은 또 다른 결과를 가지고 왔다. 한 연예인이 티브이에서 이런 말을 했었다.

"인생은 각도를 내리고 내리막길을 걷는다면 쉽고 편하다. 각도를 내리면 내릴수록 힘이 들지 않고 편안해진다. 그게 익숙해지고 더 편한 것만 찾다가 결국 걷잡을 수 없는 내리막길, 낭떠러지로 추락하게 된다. 나태함의 끝은 추락일 뿐이다. 반대로 오르막길은 딱 잘라 말해 힘들다. 경사가 높으면 높을수록 힘들어진다. 조금만 각도를 높이면 힘들어도 보람이 있다. 각도를 더 높이면 자신을 극복한 기분이 든다. 더 높이면 세상을 다 가진 것 같은 기분이 든다. 결국, 각도의 차이이다."

실제로 내가 벽을 넘어설 때마다 성취감은 엄청났다. 그 성취감 뒤에는 나도 할 수 있다는 자신감이 따라붙었다. 벽을 넘거나 오르막길을 다 올랐을 때 다시 내 앞을 막아서는 고난은 더는 나에게 좌절과 시련을 주지 못했다.

오르막길이나 벽을 다 올랐을 때 한 가지 더 느낀 점이 있다. 그 하나를 넘었다고 해서 끝이 아니라는 걸 알게 되었다. 그건 새로운 시작을 할 기회와 가능성을 주었다. 몸이 약했던 내가 미친 듯이 운동을 해보았다. 너무 약했기에 남들보다 두 배로 노력했다. 한 운동을 오래 한 건 아니지만 할 때마다 열심히 했다. 당연히 몸에도 변화가 있었다. 지금은 다른 사람들에게 취미가 운동이라고 했을 때 믿을 수 있는 덩치를 가지게 되었다. 그 덩치를 가지게 되어서 끝이 아니었다. 더 많은 종목에 도전할 수 있게 되었다. 다른 종목에 도전하게 되었을 때 성장 속도는 같이 시작한 사람보다 언제나 빨랐다. 옛날이었다면 꿈에도 못 꿨을 대회에도 도전해 볼 계획이다. 육체적인 한계를 넘었을 때도 그랬지만 정신과 말이라는 걸로 한계를 넘었을 때 또 다양한 기회가 나에게 찾아왔다. 사회를 볼 때 300명 앞에서 사회할 기회가 나에게 온 것이었다. 내가 일했던 MC 회사가 규모가 크지는 않았다. 우리가 보통 사회를 볼 때 60명 정도의 사람들 앞에서 사회한다. 많다고 해도 100명의 사람 정도였다. 사람이 늘어나면 늘어날수록 신경 써야 하는 부분이 상당히 많아진다. 많은 인원을 한 번에 집중시킬 수 있는 언어 능력과 시선 처리, 행사장의 구조와 동선 등 여러 가지를 점검하고 신경 써야 했다. 그 정도의 사람이 많이 모이는 경우도 잘 없어서 대부분이 경험이 없었다. 그 행사를 내가 맡아서 했다. 부담스럽기도 했지만 좋은 기회라고 생각했다. 앞으로 언제 이 많은 사람 앞에서 말을 할 기회가 있을지 모르는 일이었다. 점검할 걸 다 점검하고 신경 쓰면서 행사는 진행되었다. 결과는 성공이었다. 사람들 대부분이 만족하는 행사를 하고 내려왔다. 단 10명 앞에서도 말을 못 했던 내가 300명의 사람을 앞에 두고 행사를 진행했다. 그 행사가 끝난 후 내가 든 생각은 한 가지였다.

'더 많은 인원 앞에서도 할 수 있겠는데?'

자신감을 얻었다. 그 자신감은 가능성으로 이어졌고 기회로 바뀌었다. 우리 학과는 매년 1번씩 한중 문화 교류의 밤이라는 행사를 한다. 학교에서 제일 큰 강당을 빌려서 한국인과 중국인들이 준비한 무대를 관람하고 즐기는 시간을 가졌다. 해마다 중심이 되어 참가하게 되는 학번이 있다. 15년도 그때는 우리 학번의 차례였다. 우리가 각 조의 조장을 맡아서 무대를 구성하고 준비해야 했다. 준비 전에 우선 분야를 정했다. 사자춤, 난타, 중국 연극, 문화 시연 등의 분야가 있었다. 동기들은 각 분야의 조장, 부조장이 되어서 준비를 해갔다. 나는 그 날의 사회를 맡기로 했다. 이날 사회를 맡는 건 나에게 개인적으로 의미가 컸다. 그 날은 과 교수님, 선·후배, 중국인들도 오기 때문에 많은 사람이 모인다. 사회를 본 지는 오래되었지만, 아직 큰 규모의 강당에서는 해 본 적이 없었다. 매년 2명이 사회를 봤는데 올해에는 나 혼자 사회를 보겠다고 말도 했다. 인원과 규모. 어떤 것도 내가 경험해보지 못한 것이었다. 다른 친구들도 마찬가지였기에 그만큼 준비도 열심히 했다. 총연습 날 처음으로 무대에 올라가 보았다. 이전에는 본 적 없는 규모의 무대에 살짝 기가 죽었다. 총연습 시작. 총연습이었지만 긴장이 되었다. 떨면서 했고 실수도 있었다. 연습이 끝난 후 당일 날이 걱정이었다. 걱정하는 중에 사람들이 다 한목소리로 나에게 칭찬을 해주었다. 다행이었다. 떨리는 건 나만 떨렸고 사람들은 그걸 눈치 채지 못했다. 칭찬 덕분에 자신감이 생겼다. 연습할 시간도 충분했다. 총연습 때의 실수를 토대로 모든 걸 꼼꼼하게 점검했다. 동선, 시간, 조명의 위치 등 그 날 무대에 필요한 전부를 내가 알 수 있게 준비를 했다. 드디어 공연 당일. 객석에는 사람들로 꽉 차 있었다. 규모가 꽤 컸던 만큼 뒤쪽으로는 사람들이 잘 안 보여서 긴장은 덜 되었다. 나의 첫 멘트는 간단했다.

"한중 문화 교류의 밤 그 화려한 막을 올리겠습니다."

이 멘트를 함과 동시에 문제가 생겼다. 마이크 선이 갑자기 뽑혀서 안 나왔다. 시작부터 불안했다. 다행히 마이크가 정상적으로 작동됨과 동시에 마음에 안정이 찾아왔다. 시간과 동선 등을 계속 점검하면서 무대를 이어갔다. 1부가 끝나고 쉬는 시간. 사람들이 나에게 칭찬을 해주었다. 2부를 더 잘 끝낼 수 있을 것 같았다. 2부도 예정대로 잘 굴러갔다. 중간에 생각지도 못한 사건들도 있었지만, 다행히 잘 넘어갔다. 길다면 길고 짧다면 짧은 2시간이 끝났다. 다 같이 고생한 만큼 우리는 서로에게 수고했다고 하고 뒤풀이 장소로 갔다. 뒤풀이 장소에서 지금까지 했던 교류의 밤 행사 중 최고라는 찬사를 받게 되었다. 극복은 나에게 많은 사람 앞에서 당당하게 말을 할 수 있는 거로 끝나지 않고 이런 기회를 나에게 주었었다.

거기에 덧붙여서 리더십도 길러주었다. 많은 사람 앞에서 말을 하고 이끌다 보니 자연스럽게 리더십도 향상되었다. 대외활동을 하러 서울을 간 적이 있었다. 다른 학교의 학생들도 많이 왔었는데 나는 자연스럽게 그 조의 조장이 되었다. 나보다 형이나 누나들이 많았지만, 특유의 성격으로 조장으로 선정되었다. 그 후 해외 대외활동의 기회로 이어져서 그곳에서도 조장으로 추천되었다. 많은 곳에 나서서 일하다 보니 좋은 기회들 역시 나에게 많이 들어 왔다. 중국에서 유학할 때 무역스쿨도 참가하게 되었다. 친했던 형의 도움으로 참가한 무역스쿨에서 경험하지 못한 많은 것을 보고 듣고 배웠다. 그냥 가만히 있었다면 꿈에서도 못 꿨을 그런 기회들이었다. 처음에 무서워서 보기 싫었던 고난을 극복하지 않았다면 지금의 많은 기회는 없었을 것이다. 극복의 결과는 내가 상상한 것 이상의 환희였다.

제5장
극복하는 삶의 방식

극복해야 하는 이유는 백번을 말해도 아깝지 않았다. 극복하면서 많은 걸 느꼈고 알게 되었다. 처음은 마음먹기였다. 상처와 직면해야 하는 그 순간이 가장 힘들지만, 그것만 한다고 해서 바뀌는 건 없었다. 내가 사는 모습이 이 전과 같다면 바뀌는 건 아무것도 없다. 극복을 위해서는 자신만의 삶의 방식을 찾고 실천해야 했다. 그 과정은 당연히 힘들고 고되었다. 평생의 콤플렉스로 사는 것보다 짧고 굵게 내 상처를 직면하는 게 낫다는 마음으로 이 방법들을 택했다.

할 수 있다는 자신감

어느 책을 보든 유명한 강사의 강의를 듣든 자신감이라는 단어에 중점을 많이 둔다. 심지어 자신감에 대한 명언도 상당히 많다. 유명 인사들이 한 말은 여러 사람의 좌우명이 되기도 했다. 나도 책을 많이 읽고 명언들도 많이 들었다. 그중 내가 공감이 된 말은 단 하나도 없었다. '실패해도 괜찮다.', '두려움을 극복해라.', '자신감을 가져라.' 등의 짧으면서도 좋은 말들도 많이 들었다. 내가 느끼기에도 좋은 말들이 많았지만, 공감이 되는 말은 없었다. 그저 그 말을 한 사람만 해당하는 말로 들렸다. 이 좋은 말들이 왜 내가 공감을 못 했는지 곰곰이 생각해 보았다. 그 이유는 어떤 사람도 나에게 방법을 가르쳐 주지는 않았다. 다들 그저 '해라.'라고만 했고 하는 방법도 방향도 가르쳐 준 사람은 없었다. 저 말처럼 할 수 있다면 아무 고생을 하지 않는다는 건 아무리 멍청한 사람도 알 수 있다. 실제로 저런 말을 한 사람들은 어떤 한 분야에서 특출났거나 성공했던 사람들이다. 상황이 다른데 그 사람만의 방법을 들이밀면 공감이 되지 않는 건 당연했다. 나는 내 상황에 맞는 나만의 방법이 필요했다.

나에게 조언이랍시고 해 준 말 중 가장 어이가 없었던 말이 두 가지 있다. 첫 번째가 '힘이 들어도 힘을 내라.' 였다. 지금 이 글을 적는 와중에도 이 말을 어떻게 받아들여야 할지 모르겠다. 내가 힘들어하고 있는데 옆에 와서 힘들지만 힘내라고 하면 힘이 나기는커녕 짜증만 났다. 무슨 밑 빠진 독에 물을 부어라 하는 느낌이었다. 두 번째로 어이없었던 말은 '다른 사람들도 힘들어한다. 그러니 힘내라!'였다. 이 말 역시 뭐라고 받아들여야 할지 몰랐다. 다른 사람들도 다 힘들다. 솔직히 말해서 뭐 어쩌라고라는 생각밖에 들지 않았다. 내가 힘든데 왜 다른 사람 힘든 것까지 신경써야하지? 그 사람들이 힘든 거랑 내가 힘내는 거랑 무슨 상관이지? 라는 말이 목 끝까지 차올랐었다. 이렇게 나의 상황과 환경을 고려하지 않고 조언을 해 준 사람은 바로 나의 부모님이었다. 나와 가장 오래 지냈던 사람조차 나에게 어떤 조언을 어떻게 해야 할지 모르는데 다른 누군가에게서 정답을 구한다는 건 불가능에 가까웠다. 우선 방법에 대해서 고민을 해보기로 했다.

그 방법에 대해서 고민을 하며 살던 와중에 불가능할 것 같았던 일이 일어났다. 다른 사람에게서는 방법을 찾을 수 없다고 믿었다. 방법은 다를 수 있지만, 힌트를 얻을 수 있다는 걸 알게 된 날이 있었다. 그 날도 평범하게 티브이를 보고 있을 때였다. 어떤 프로그램이었는지는 잘 기억나지 않지만, 이봉원이라는 개그맨이 토크쇼에 나와서 이야기를 했었다. 내 나이상 이봉원이라는 분이 어떤 개그를 했는지, 어떤 유행어가 있었는지, 얼마나 인기가 있었는지는 잘 모른다. 세대가 맞지 않아 별로 공감도 되지 않을 것 같아서 채널을 돌리려고 할 때 옛날 자신의 모습에 관해서 이야기를 시작했다. 그 첫 한마디는 단번에 나의 관심을 끌었다.

"난 어릴 적에 별명이 홍당무일 정도로 소심했었다."

이 말은 상당히 공감되었다. 소심했다는 사람이 어떻게 티브이에 나와서 개그를 하고 이야기를 할 수 있는지 궁금했다. 무엇보다 그 이야기의 시작점이 당시의 내 나이와 비슷했다. 그분의 별명이 홍당무였던 이유는 쉽게 얼굴이 빨개져서였다고 했다. 자신을 그냥 A형이 아니라 트리플 A형이라고 소개했다. 초등학교 친구들이 개그맨 하는 걸 보면 깜짝 놀랄 정도라고 했다. 그분은 어느 날 문득 이렇게 살면 안 되겠다라는 생각이 들었다고 했다. 속은 내성적일지언정 겉은 외향적이어야 한다는 생각을 가지고 내가 생각지도 못한 방법을 택하셨다. 고등학교 진학할 때 일부러 먼 공업 고등학교에 지원한 것이었다. 이 전의 자신을 알지 못하는 곳에서 다시 시작하기 위해서라고 했다. 그 고등학교에서 신입생 첫인사 당시 긴장되고 창피했지만, 그분은 성격을 바꾸기 위해 큰 결심을 했었다. 조금 우스꽝스럽게 말을 더듬고 몸동작을 하면서 자신을 소개했다. 결과는 의외였다. 반응이 너무 좋았다고 했다. 그 이후로는 학교 행사를 독식하게 되었다고 했다. 그 여세를 몰아 개그맨을 준비했고 당시 엄청난 인기를 누릴 수 있었다고 했다. 이 분의 말은 현실성이 있었다. 나와 비슷한 처지, 성격. 그걸 바꾸는데 했던 노력. 해볼 만 했다. 그때 내가 얻은 힌트가 '눈 딱 감고'였다. 당시에 이미 학교에 다니고 있었기에 먼 곳으로 진학을 하거나, 전학을 갈 수 있는 상황은 아니었다. 조금 더 기다리기로 했다. 대학교에 와서 나를 아예 모르는 사람들 속으로 들어가 보았다. 진짜로 눈 딱 감고 저질러 본 것이었다. 내가 남들 앞에 나서서 뭔가를 안 하려고 했던 이유가 있었다. 남들 앞에서 내가 어떤 행동을 취했을 시 다른 사람들이 어떻게 바라볼까가 걱정이었다. 반응을 안 해주면 어떡하나. 욕을 하면 어쩌지 등의 걱정이 앞서서 하지 않았다. 그 점을 눈 딱 감고 한 번 해보기로 했다. 많은 일이 있었지만 눈 딱 감고 했던 일 중 하나가 있다. 과제를 위한 인터뷰를 할 일이 있었다. 우리의 과제는 어른들(40대 이상. 가족 제외)이 현재 대학생들에게 해주고 싶은 말은 무엇인지에 대해서 조사하고 프레젠테이션을 해야 했다. 그 과제는 조별 과제로 진행되었다. 각자 역할을 나누었는데 무슨 용기였을까 내가 인터뷰를 해오겠다고 했다. 우리가 인터뷰를 하고 싶어 한 대상자는 바로 마술사였다. 다른 사람들은 하지 않으면서 호기심을 끌 수 있는 직업군을 고르다 보니 마술사분과 인터뷰를 하고 싶었다. 그때는 내가 마술 학원을 다닐 때도 아니었다. 아는 사람을 인터뷰하는 것도 아니었고 경험도 없었다. 그냥 내가 직접 해보겠다고 했다. 각자 담당이 결정난 날 나는 혼자서 마술 학원을 갔다. 솔직히 걱정이 많았다. 문전박대당하면 어떡할까. 대충 해주면 어떡할까 등의 걱정이 앞섰다. 떨리는 손으로 문을 열고 들어간 마술 학원에서 의외의 경험을 했다. 앞에 걱정했던 모든 걸 무시하고 나를 환영해 준 것이었다. 그 날 나는 인터뷰 약속을 잡고 집으로 돌아왔다. 인터뷰 당일이 되어서도 그 마술사분들은 나에게 친절하셨다. 내가 처음이라 놓친 부분들도 직접 설명해 주시고 마술 공연도 따라갈 수 있게 해주셨다. 정말 마음 편하게 즐기면서 원하는 정보를 얻어 갔다. 그 결과 당연히 우리 조는 최고의 발표를 할 수 있었다. 그 인터뷰를 하면서 느낀 점이 있었다. 사람들은 내 걱정과는 다르게 친절하다는 점. 긍정적으로 반응해준다는 점을 느꼈다. 가장 큰 점은 자신감을 얻을 방법을 알게 된 점이었다. 일단 한 번 해본다는 점에 의미가 컸다.

　성격이 바뀐 이후의 나를 아는 사람들은 예전의 내 모습을 상상도 못 했다고 한다. 지금 성격이 바뀌긴 했지만, 아직도 예전의 소심함은 조금 남아 있다. 매번 남들 앞에 서는 것이 좋은 건 아니었고 부담스러운 적도 많았다. 그럴 때마다 난 눈 딱 감고 그냥 해 보았다. 중국에 어학연수를 갔을 때 일이었다. 운이 좋아서 중국 내 무역스쿨을 참여할 기회를 얻었다. 무역스쿨을 가보니 이미 조 편성이 끝나 있었고 그 조원들끼리 미션을 수행해야 했었다. 중요 미션을 수 행하는 것만으로도 시간은 촉박했다. 그 와중에 무조건 조마다 장기자랑을 준 비하라고 했었다. 2박 3일 일정 중 최종 미션을 위해서 3일 밤을 다 새워야 했 다. 조원들 전부가 당황했다. 두 번째 날 저녁에 장기자랑을 해야 하는데 준비 할 시간도 없고 아이디어도 없었다. 많은 사람 앞에서 혼자 뭔가를 하는 건 두 렵기는 했지만 나 혼자 무대에 서겠다고 했다. 이벤트 MC를 하면서 배웠던 춤 을 출 계획이었는데 그걸 조원들에게 가르치고 무대에 서기에는 시간이 촉박 했다. 결국 나 혼자 무대에 섰다. 손에 식은땀이 났다. 음악이 나왔고 눈 딱 감 고 춤을 췄다. 반응은 좋았고 그 날 있었던 사람들 대부분은 나를 기억하게 되 었다.

자신감을 가지라는 말은 좋은 말이지만 무책임한 느낌이다. 주변 사람들이 나에게 백날을 말해도 감이 잡히지 않았다. 그냥 눈 딱 감고 저질렀을 때 자신 감이 생겼다. 이후에는 할 수 있다는 자신감이 내 마음 한 편에 항상 존재했다.

한 번쯤 당당한 삶

내 인생에 두 번의 터닝 포인트가 있었다. 첫 번째 터닝 포인트는 바로 MC 아르바이트를 한 것이다. 그 일을 계기로 사람들 앞에서 당당할 수 있게 되었다. 당당하게 말을 할 순 있었지만, 그 말은 내 이야기였던 적이 없었다. 성격이 변해서 말을 잘 할 자신이 있었지만 내 목소리로 내 이야기를 할 수 있는 곳이 없었다. 그때 내가 하는 말들은 내가 평소 하는 말보다 톤이 높은 목소리였고 이야기도 다른 사람의 이야기를 하는 것뿐이었다. 그 일이 답답하게 여겨질 때쯤 두 번째 터닝 포인트를 갖게 되었다. 첫 번째처럼 한 가지 사건이나 일이 아니었다. 다양한 사람들을 만났고 좋은 이야기를 들으며 많은 자기 계발을 할 수 있고 기회도 얻었다. 그 터닝 포인트는 아직 끝나지 않은 현재 진행형이다. 그 시작점은 17년 4월 어느 날이었다. 일상이 지루하게 느껴질 때쯤 변화를 줘야겠다고 생각했다. 인터넷에서 창원에 있는 동호회를 검색해 보았다. 흥미로운 것들이 상당히 많았다. 토익 스터디, 볼링 동호회, 롱 보드 동호회……. 다양했다. 그중 내 눈에 띄는 한 동호회가 있었다. 바로 스피치 동호회였다. 내가 MC 아르바이트를 하겠다고 부모님께 설명할 때 했던 말이 생각났다.

"다른 사람들은 돈 내고 스피치 학원에 다니는데, 저는 돈을 받으면서 스피치를 배울 거예요."

이제 사회를 어느 정도 볼 수 있게 되었으니 내 말빨(?)이 어느 정도 통하는지 궁금했다. 블로그를 통해 장소와 시간을 확인했다. 매주 목요일 저녁 7시에 진행했다. 시간과 장소만 확인하고 어떻게 진행되는지는 알아보지도 않은 채 일단 가보기로 했다. 일단 구경만 해보자는 마음으로 갔다. 동호회에 가기 전 친구들과 동생들에게 스피치 동호회에 간다고 말을 했다. 구경만 하는 거라고 말했지만 다들 하게 되면 잘 할 거라고 응원을 해주었다. 떨림보다는 설레는 마음으로 모임 장소의 문을 열었다. 너무 설레는 마음이 앞섰을까. 제일 먼저 와버렸다. 한 10분 정도 기다리니 사람들이 오기 시작했다. 바로 자초지종을 설명하고 구경 한 번 해보러 왔다고 했다. 동호회를 이끄시는 분께서 웃으면서 말을 하셨다.

"운이 좋으시네요. 아니 운을 만들려고 돌아다니시네요."

무슨 말인지 이해를 못 했다. 이야기를 들어보니 스피치 동호회는 매주 목요일 저녁 7시에 진행하지만 13명으로 인원 제한이 있었다. 경쟁률도 심해서 공지가 올라오면 바로 인원이 마감된다고 했다. 내가 간 그 날 역시 인원 마감이 되었지만, 시작 직전에 한 분께서 참가 취소를 했다고 했다. 덕분에 난 그 빈자리에 참여하게 되었다. 구경만 하러 간 자리에 참여까지 하게 되었다. 사실 말이 구경만 하러 갔다고 한 거지 내심 이런 전개도 기대를 했었다. 짧게 자기소개를 하고 그 날 과정이 시작되었다. 처음에 스피치 동호회라고 했을 때 학원처럼 스킬을 배우는 곳이라고 생각했다. 그 날 일정을 보니 스킬을 배우는 시간을 단 한 시간도 없었다. 그저 단순하지만, 말을 많이 해야 하는, 내 이야기를 할 수 있는 시간이 주어지는 것이 고작이었다. '고작'이라고 표현한 그 시간에 내 가슴은 미친 듯이 뛰었다. 단 한 번도 누군가에게 나의 아팠던 이야기를 해 본 적이 없었는데 이 이야기를 하고 있다는 점이 신기했다. 심지어 내 이야기를 듣고 공감해 주는 사람이 있다는 게 더 나를 미치게 했다. 2시간 조금 넘게 진행된 스피치 동호회에 나는 매력을 느끼고 다음 주에 다시 한번 참석을 하게 되었다. 다음 회 차 역시 비슷한 방식으로 진행되었다. 역시 내 가슴이 뛰는 게 느껴졌다. 그 날 일정이 끝나고 뿌듯한 마음으로 집으로 가려고 할 때 다음 날 동호회 소장님께서 강연한다는 소리를 들었다. 그분이 부럽다 보다는 나와는 전혀 상관없는 이야기로 듣고 넘겼다. 나는 그런 무대에 설 자격이 없다고 생각했다. 그때 동호회의 다른 형이 나에게 소장님이 서는 무대에 대해 말을 해주었다. 소장님이 서는 무대는 창원에서 꽤 규모가 큰 동호회가 있는데 그곳에 매달 4명이 강연을 한다고 했다. 그 강연가들은 유명한 분들도 있지만 대부분 일반 우리와 같은 사람들이었다. 자신의 이야기로 사람들에게 공감을 얻는 그런 자리라고 했다. 그 형 역시 다음 달에 그 무대에 설 계획이라고 나도 언젠가 그 무대에 서 보라고 말해주었다. 그 모임의 이름은 '청춘 도다리'였다. 솔직히 이름만 들었을 때는 봄에만 활동하는 낚시 모임인 줄 알았다. 그 모임에 초대되어 보니 놀랐다. 낚시 모임이라고 하기에는 회원 수가 300명이 넘었다. 그 형에게 이 모임은 뭐 하는 곳이냐고 물어보았다. 강연하는 곳이기는 한데 그것만으로는 설명이 안 되는 곳이라고, 자기도 그곳에 대해 어떻게 설명을 해야 하는지 모르겠다고 했다. 일단 한번 가보라고 청춘 도다리 대표님께 나를 소개해 주겠다고 했다. 솔직히 그때도 시큰둥했다. 강연이라니. 실감이 안 났다. 그 시큰둥한 마음은 바로 다음 주에 깨졌다. 소장님이 무대에 서고 강연하는 모습이 멋있었다. 사람들이 그 이야기를 듣고 환호해주는 모습이 부러웠다. 나도 저 무대에 서보고 싶었다. 그 주에 스피치 동호회에서 나는 많은 사람 앞에서 한 가지 선언을 하였다.

"저도 저런 멋진 무대에서 제 목소리로, 제 이야기로 강연해 보는 것이 꿈입니다."

일단 말은 했지만 민망했다. 나이 어린 내 입에서 나오기엔 다소 건방질 수도 있는 이야기라고 생각했다. 그 순간 사람들은 나에게 박수를 보내주었다. 어안이 벙벙했다. 사람들이 내 허황될지도 모르는 꿈을 들어주고 응원해주고 있다는 게 신기했다. 그리고 내 인생의 좌우명이 된 한마디 말을 들었다.

"하면 되지. 그 뭣이라고."

저 말을 하고 듣고 난 후부터 만약에 내가 강연을 서게 된다면 어떤 말을 하면 좋을까? 라고 고민했다. 고민하고 적어보고 지우고 다시 생각하는 과정을 반복했다. 과거의 내가 어떤 성격이었고 몸이 어떠했고 그걸 이겨내기 위해 어떤 걸 했는지에 대해 말해보고 싶어졌다. 대충 윤곽이 드러날 때쯤 당당하게 도전해보기로 했다. 그 주에 청춘 도다리에서 소풍을 간다고 하기에 나도 거기에 참여하기로 했다. 그 날 청춘 도다리 대표님께 내가 적은 글을 보여드렸다. 다른 사람에게 내 아픔의 이야기를 보여주는 게 처음이라 어색했다. 대표님은 내 글을 꼼꼼하게 읽어 주셨다. 잠시 이야기를 나누고 대표님께서는 나에게 청춘 도다리 1주년 무대에 한번 서보라고 하셨다. 기쁨과 당황이 공존했다. 당장 2주 후에 일이었다. 시간이 촉박했지만 거절하고 싶지는 않았다. 이 기회를 놓치면 다음 기회는 언제 올지 모를 일이었다. 바로 준비에 착수했다. 대표님과 많은 이야기를 나누었고 제일 싫어하던 ppt도 만들었다. 대본을 짜고 계속 연습했다. 밥 먹을 때도 그것만 생각나고 길을 걸을 때도 중얼거리면서 연습에 연습을 거쳤다. 당일에는 부모님도 모르는 내 아픔의 이야기이기에 두 분께 꼭 들려드리고 싶어서 부모님을 초대했다. 강연 시작. 처음부터 머리가 하얘졌다. 첫 마디를 어떻게 준비했는지가 기억이 나지 않았다. 긴장을 떨칠 무엇인가가 필요했다. 당당하게 박수 한번 달라고 했다. 박수를 받으니 용기가 났고 내가 준비한 말들을 내뱉었다. 감사하게도 사람들은 내 이야기에 귀를 기울여주고 공감해주고 환호해 주었다. 그 날 이후로 많은 사람과 이야기를 나눌 기회가 생겼고 다른 일을 할 기회도 생겼다. 이렇게 되기까지의 시작점이 어디였을까. MC 아르바이트를 하겠다고 연락을 했을 때? 스피치 동호회에 아무 정보도 없이 갔을 때? 사람들 앞에서 강연하겠다고 선언을 했을 때? 사람들 앞에서 강연할 때? 솔직히 시작점이 어디라고 할지는 잘 모르겠다. 그저 이 일들의 공통점은 당당한 나에게서 나온 결과들이라는 점이다. 한 번쯤은 당당해도 되지 않을까. 한 번쯤은 뻔뻔해져도 되지 않을까. 그 한 번쯤이라는 말이 가져온 바람은 태풍과도 같았다. 한 번의 당당함이 나의 이미지를 만들었고 기회를 만들었다. 과거의 나는 나를 미워하기만 하고 사랑하지 않았다. 만약에 과거의 나를 만날 수 있다면 더도 말고 덜도 말고 딱 한 번만 당당해져 보라고 말을 해주고 싶다. 그 한 번의 당당함은 긍정의 결과를 가져온다는 걸 겪었기에 이제는 당당하게 말할 수 있다.

혼자가 아니다

내가 어떤 일이든 도전할 때마다 놀라는 것이 몇 가지 있다. 그중 가장 놀라운 것은 사람들의 반응이다. 그다음은 사람들에 대한 나의 꼬여있는 성격이었다. 난 언제나 사람들의 눈치 때문에 많은 것을 포기했었다. 내가 이런 행동을 했을 때 사람들은 나를 어떤 시선으로 바라볼지. 어떤 말을 하게 될지. 어떤 소문이 날지 겁이 나서 하고 싶은 것을 못했다. 언제나 자신이 하고 싶은 말과 행동을 하는 사람들이 부럽기만 했다. 그런 나였기에 내가 사람들에게 다가가지는 못하고 다가오기만을 기다리고 있었다. 그런 일이 많아지다 보니 나 스스로 최면을 걸기 시작했다. '많은 사람과 일을 하는 것보다 혼자서 하는 게 더 편하다. 다른 사람은 방해만 되고 일에 도움이 되지 않는다.' 등의 최면을 걸었고 그것에 맞게 행동했다. 빨리 가려면 혼자 가라는 말이 있듯이 혼자 하니 무슨 일이든 빨리 할 수 있었다. 몇 번 그 사례를 겪고 나니 그게 정답인 줄 알았다. 성격이 어느 정도 외향적으로 바뀌었을 때도 이 생각은 쉽게 고쳐지지 않았다. 정말 친한 친구들을 제외하고는 마음에서 우러나오는 정을 주는 일은 없었다.

처음 이벤트 팀에 들어왔을 때도 적응을 잘 하지 못했다. 회식은 언제나 핑계를 대고 피하기만 했고 그런 자리가 부담스러웠다. 그냥 연습만 했다. 덕분에 어느 정도까지는 금방 실력이 늘었다. 나는 그 사람들이 나에게 정을 주지 않았고 나 역시 정을 주지 않았다고 생각했다. 그 생각을 가지고 계속 생활을 했다. 그 생각은 어느 날 갑자기 고쳐진 건 아니다. 사람에 대한 나의 오해가 풀리기 시작한 날은 20살 겨울 입대를 한 달 정도 앞두고 생겼던 일이다. 입대가 얼마 남지 않았기에 하던 아르바이트도 그만두고 가족들과 시간을 보내고 여행도 다니고 있었다. 그때 같이 이벤트 아르바이트를 하던 친구가 연락이 왔다. 입대도 얼마 안 남았는데 같이 한잔 하자는 연락이었다. 평소였으면 거절했겠지만, 입대도 얼마 남지 않았고 심심했기에 그 날 바로 친구를 만나러 나갔다. 근데 그 친구가 다른 아르바이트생들도 불렀던 모양이었다. 그 사람들이 설마 나 때문에 나와줄까 생각했다. 잠시 후 의외의 결과에 입이 다물어지지 않았다. 창원에서 같이 일하는 아르바이트생이 다 나와 준 것이었다. 인원이 많았던 건 아니지만 나 하나를 위해서 모여 준 사람들에게 고마운 마음이 들었다. 그다음으로는 내가 이 사람들을 오해한 것에 대한 미안한 마음이 들었다. 돌이켜 보니 이 사람들은 언제나 나에게 먼저 손을 내밀어 주었었다. 그 손을 거절한 사람은 바로 나였다. 내가 거절을 해놓고 나에게 정을 안 준다고 생각해서 나도 정을 안 줬었다. 이 모든 건 나의 꼬여있던 생각들 때문이었다. 그런 꼬여있던 나를 위해 기꺼이 모여 준 사람들이 한없이 고마웠다. 그 날 술을 많이 마셨지만, 기분이 나빠지거나 머리가 아프거나 속이 안 좋은 일은 없었다. 처음부터 끝까지 기분이 좋았다. 그 날 이 사람들과 계속 같이 일하고 싶다는 생각을 했다. 입대가 한 달밖에 남지 않았지만, 여행도 많이 다녔고 해보고 싶은 것도 다 해봤지만 시간이 많이 남았다, 이벤트 팀에서 도와달라고 요청이 왔고 나는 일말의 고민도 없이 바로 달려갔다. 그렇게 입대 이틀 전까지 일을 도와줬다. 입대 전날. 다시 한 번 아르바이트 사람들이 나를 불러줬다. 이번에는 실장님도 같이 온다고 꼭 나오라고 했다. 약속 장소에 가 보니 전에 오지 못했던 사람들까지 다 와있었다. 나에게 입대 주를 사주겠다고 칵테일과 보드카까지 사주었다. 입대 전날이라 기분이 우울했지만 그 사람들은 평소에 나를 대하듯이 대해주었고 군대에 대한 부담감을 잠시나마 잊게 해주었다. 그 일이 있고 난 후부터 사람들에 대한 꼬여있는 생각을 조금씩 버리기 시작했다. 사람들에 대한 생각들은 전부 나의 편견에서 오는 것들이었다. 사람들은 생각처럼 이기적이지도, 나쁘지도 않았다. 그 생각을 버리기 시작하면서 사람들의 반응이 보이기 시작했다. 사람들의 반응이 걱정 돼서 하지 못했던 말과 행동을 해보았다. 내가 걱정했던 말을 해도 사람들은 받아주었다. 내 말과 행동에 반응이 나쁘지 않았다. 용기가 생겼다. 평소에 억눌러 왔던 내가 하고 싶었던 말과 행동을 했다. 남의 주장에만 이끌렸던 내가 이제는 나의 주장을 펼칠 수 있게 되었다. 평소에 해보지 못했던 언행이었기에 수위조절에 실패할 때가 많았다. 그 실패를 발판으로 적정선을 찾기 시작했다. 내 주장을 펼치면서 다른 사람의 의견과 생각까지도 고려할 수 있는 수위를 찾아갔다. 시간이 지나면서 사람 관계에 대해 스트레스가 많이 없어졌다. 그 과정을 거치고 나서 눈에 들어오는 것이 또 하나 있었다. 사람들의 친절함이었다. 이전에는 내가 먼저 사람들을 피했기에 사람들이 내미는 손을 보지 못했다. 사람들은 타인에게 생각보다 많은 손을 내민다는 것을 알게 되었다. 자신의 능력을 타인에게 베풀고 싶어 하고, 도와주고 싶어 했다. 몇 가지 경험을 통해 이 사실을 알게 되었다. 이벤트 아르바이트를 할 때 일이었다. 다른 사람들이 나를 도와주고 싶어 한다는 걸 모른 채 나 혼자만 열심히 하면 될 거라며 연습을 했다. 사람들이 나를 가르쳐주려고 해도 그 자체가 부담스러웠다. 내 실력향상을 위한 일이었지만 평가받는 느낌이 들어서 언제나 도망만 다녔다. 역시 혼자 하는 건 진도가 빨랐다. 실력은 금방 느는 것처럼 보였다. 빠르게 늘어난 실력만큼 한계도 빠르게 찾아왔다. 아무리 해도 실력은 늘지 않았고 욕이나 컴플레인에 걸리는 횟수는 늘어났다. 내 능력은 딱 여기까지인가보다 생각하고 포기를 결정했다. 이 전에도 이런 비슷한 한계를 겪고 포기했던 것들이 많았다. 그때도 딱 그냥 내 능력이 이 정도이다고 생각하고 미련 없이 포기했다. 이번에는 왠지 포기하고 싶지 않았다. 같이 일하던 사람들과 멀어지는 게 싫어서였을까. 미련이 남아서였을까. 그만두기로 마음먹었지만 한편으로는 계속하고 싶다는 마음이 있었다. 그 마음이 있어서였을까 사람들이 더 적극적으로 나에게 손을 내밀어서였을까. 나에게 내민 손이 보이기 시작했다. 용기를 잃은 나에게 용기를 심어주었고, 자신들의 비결를 알려주었다. 몇 명은 일상에서도 나를 만나서 많은 이야기를 주고받고 일을 하러 가서는 일 보다 나를 더 도와주었다. 관심과 도움 덕분에 나의 실력은 천천히 하지만 확실하게 늘기 시작했다. 천천히 늘던 실력은 탄력을 받고 빠른 속도로 성장해갔다. 혼자 힘의 한계를 다른 사람의 힘을 빌려서 이겨냈다. 이 일 이외에도 다른 사람의 도움을 통해 한계를 극복해 낸 일이 있다. 바로 운동이다. 원래 몸이 건강했던 게 아니라 왜소하고 약했다. 잔병치레도 많았기에 건강했다고 할 수도 없었다. 운동에 대한 열등감은 언제나 가지고 있었다. 학교 체육 수업도 원래 운동 잘 하는 친구들의 무대였지 나와 같은 친구들은 언제나 들러리였다. 자연스럽게 체육 수업이 싫어졌고, 체육 시간에 주로 하는 구기 종목이 싫어졌다. 운동을 꺼리는 게 심했지만, 건강을 위해서 운동은 해야 할 것 같아서 시작했다. 아예 관심이 없던 구기 종목이 아닌 격투기에 도전했다. 관심이 있었으니 당연히 재미도 있었다. 체육관이 멀리 있었지만 왔다 갔다 하는 과정이 싫지는 않았다. 운동을 처음 배우기 시작할 때 대부분의 사람은 친구나 지인과 같이 체육관에 다닌다. 난 내 주변 사람 중 격투기를 좋아하는 사람이 없어서 혼자 다녔다. 덕분에 처음에는 친구가 없어서 혼자 연습을 많이 했다. 혼자 하는 것이니 이번 역시 한계가 금방 찾아 왔다. 이번에는 내가 먼저 거절을 각오하고 사람들에게 도움을 요청하기로 했다. 도움을 요청했을 때 거절을 당한 일은 단 한 번도 없었다. 나의 걱정과는 달랐다. 사람들은 자신들이 알고 있는 것들을 가르쳐 주었고 집에 늦게 가는 한이 있어도 나와 같이 운동을 해주었다. 덕분에 실력도 금방 늘었지만, 같이 운동하는 사람이 생긴 점이 더 좋았다. 그 사람들과 같이 인터넷을 찾아서 기술도 연구하고 직접 써 보기도 하는 등 전에 혼자 할 때보다 재미있게 운동을 할 수 있었다.

이렇게 혼자 할 때보다 다른 사람의 도움을 받아서 일하니 한계가 보이지 않았다. 처음에는 '빨리 가려면 혼자 가라.'라는 말의 뒷부분인 '멀리 가려면 함께 가라.'의 말뜻을 이해하지 못했다. 다른 사람의 힘을 빌린다면 일이 쉬워질 거라는 건 알고 있었다. 하지만 그건 내 힘이 아니라고 생각했다. 힘을 빌리면 그건 내 능력이 아니라 다른 사람의 능력으로 일을 해결한 것이고, 결국 나의 발전에는 아무 도움이 안 될 거라 생각했다. 사공이 많으면 배가 산으로 간다는 말에도 공감하고 있어서 나는 혼자를 택했다. 시간이 지날수록 혼자 할 때의 한계는 너무 명확했다. 아무리 노력해도 뛰어넘을 수 없는 한계가 있었다. 처음 다른 사람의 힘을 빌렸을 때 어렴풋하게 느낀 게 있다. 이건 다른 사람의 힘이 아니라 나에게는 새로운 경험이고 그건 곧 나의 힘이 될 것 같았다. 다른 사람의 도움을 받고 그걸로 끝이라면 정말 나에겐 도움이 되지 않았다. 그 점을 느끼고 그걸 내 힘으로 만들기 위해 노력을 했다. 타인의 힘이 나의 힘이 될 수 있다는 걸 경험으로 알게 되었다.

이제는 내가 먼저 사람들에게 다가간다. 그 사람의 힘이 필요하고 경험이 필요했다. 그럴 때마다 사람들은 언제나 나에게 힘이 되어주었다. 어떤 일이든 혼자 시작했지만, 결코 나는 혼자가 아니었다.

나를 넘어서는 의지

나를 넘어설 때 시작만큼 중요한 게 끝까지 할 수 있는 의지이다. 그 의지라는 말 때문에 가장 강한 상대는 바로 자기 자신이라는 말이 생긴 것 같다. 경험상 끈기가 부족해서 실패한 사례가 많았다. 의지 부족으로 그만둘 때 '난 여기까지가 한계인가보다.'라면서 자신과 타협했다. 그 타협은 언제나 내 한계를 스스로 만들어 버리는 버릇으로 바뀌었다. 오를 수 있을 나무도 오르지 못할 나무라 생각하고 쳐다보지도 않게 되었다. 나는 잘 못 해낼 것이라는 선입견까지 생겨버렸다. 날 패배자로 만든 건 결국 나였다. 의지박약으로 정해버린 나의 한계를 극복하는 건 상당히 힘들었다. 선입견을 깨야 하는 작업까지 해야했기 때문이다. 한계라고 생각할 때쯤 확인사살까지 시켜주는 말도 많이 들었다. 상황마다 들었던 말은 조금씩 다르지만 대체로 제일 많이 들었던 말이 있다.

"잘 못 하네. 너는 재능이 없나 보다."

처음 이 말을 들었을 땐 주눅이 들었다. 내가 주눅 든 것과는 상관없이 한 번으로 끝이 나지 않고 자주 말해 주었다. 들을 때마다 매번 다른 사람에게 주눅 든 모습을 보여주기 싫어서 담담한 척하기 시작했다. 못 하는 일에 부딪힐 때마다 내가 선수 쳐서 '이 분야에는 재능이 없어. 못 하는 게 당연해.'라고 말을 할 때도 있었다. 지금에서야 드는 생각이지만 그 말은 나를 병 속에 갇힌 벼룩으로 만들고 있었다. 능력을 모두 발휘해 보지도 못하고 그 말로 나의 한계를 결정했다. 누군가 그 말을 들을 때마다 한 귀로 듣고 한 귀로 흘렸으면 되지. 라고 한다. 그러지 못했다. 담담하게 괜찮은 척했지만 여전히 주눅은 들었다. 그런 말을 듣고 나니 많은 걸 필사적으로 노력 해보지 않고 포기하게 되었다. 포기 역시 내 의지로 했지만, 주변 환경도 한몫 했다는 뜻이다. 그런 내가 20살이 되어서 한 굳은 결심은 남의 눈치를 보지 않게 만들어 줬다. 간절함이 있었기에 의지 또한 굳건했다. 의지가 굳건해도 한계는 역시나 찾아왔다. 그 한계를 이기는 방법을 잘 몰랐다. 방법을 찾던 찰나에

"강한 자가 살아남는 게 아니라, 살아남는 자가 강한 거다."

이 말이 생각났다. 그 때문에 나는 버티기라는 방법을 택했다. 발전을 하든 안 하든 버티기로 했다. 아직도 다행이라고 생각하는 건 그때 그 시기에는 나에게 재능이 없다고 한 사람이 없었다는 것이다. 버티는 것만으로도 힘든데 그 말까지 들었다면 다시 한 번 포기라는 선택을 했을 것이다. 운도 따라줬고 전에 없던 의지도 있었다. 그 때문에 시간이 지나자 처음으로 인정을 받았다. 기분이 묘했다. 사람들이 말하는 재능이라는 건 내가 생각해도 찾아볼 수 없었다. 없다고 믿기도 했다. 그런 내가 인정을 받았다. 처음으로 가능성이라는 걸

알게 되었다.

티브이에서도 어렸을 때부터 뛰어난 재능을 보여 왔던 사람을 자주 비춰줬다. 노력으로는 절대 넘을 수 없는 재능의 벽이 있다고 믿게 되었다. 내가 처음으로 나를 넘어섰을 때의 생각은 두 가지였다. '사실 내게 재능이 있던 건 아닐까?' '노력으로 재능을 넘어 설 수 있는 건 아닌가?' 이 두 가지 생각은 나의 가능성에 대해 다시 생각하게 했다. 결국, 이 생각은 '할 수 있다'로 이어졌다. 그건 곧 자신감이 되었고 그걸 앞세워 나를 넘어서기 위한 도전을 시작했다. 어느 정도 나의 콤플렉스들이 사라질 때쯤 이후의 도전들은 내 한계를 뛰어넘는 게 목표가 되었다. 새로 찾아오는 한계들은 힘들었지만, 포기 없이 언제나 뛰어넘었다. 많은 도전을 한 만큼 어느 세 콤플렉스도 극복 했다. 극복하고 나니 잊고 있었던 처음의 의문점이 기억났다. 첫 번째 '사실 내게 재능이 있었던 건 아닐까?'라는 생각의 답을 찾아보았다. 생각해보니 나에게 재능이 없다고 했던 사람들은 그 분야의 전문가가 아니었다. 대부분 조금 할 줄 아는 '친구들'이 해준 말들이었다. 물론 그 친구들이 그 분야를 처음 시작할 때 남들보다 조금 더 습득력이 빨랐을 수도 있다. 그래 봐야 그 친구들은 전문가가 아니었고 나의 서툰 단면만 보고 판단했었다. 처음 하는 것이라 못 하는 건 당연한 일이었다. 그 당연한 걸 잊고 친구들의 말을 듣고 주눅이 들어 더 해보지 못했던 점이 지금 생각하면 스스로가 한심하게 느껴진다. 다음으로 나에게 재능이 없다는 말과 가장 비슷한 말을 한 사람은 바로 부모님이었다. 부모님께서는 내가 한눈팔지 말고 공부만 하기를 원하셨던 것 같다. 그래서인지 내가 다른 걸 할 때마다 이런 말들을 하셨다.

"네가 그중에서 제일 못하지? 너만 못해서 늦게까지 남아서 보충한 거 아니야?"

부모님의 진심은 이게 아니라 공부를 하길 바라셨다는 걸 이제는 안다. 하지만 내게 하셨던 말들은 대부분 나의 자존감으로까지 이어졌다. 실제로 잘 하지도 못 했지만 가장 사랑하는 가족조차 나를 믿지 못한다는 느낌을 받았다. 서툰 나를 격려해주고 챙겨주는 사람은 어디에도 없었다. 덕분에 어떤 곳에서도 응원 받지 못하고 모든 게 서툴고 재능 없는 아이로 학창시절을 보낸 격이 되었다. 친구, 부모님께 이런 말을 듣다 보니 주눅이 드는 건 당연한 결과였다. 주눅은 내 한계점을 더 앞당기는 역할밖에 안 되었다. 비전문가가 평가했던 나의 재능. 단면만 보고 단정 지었던 그 모든 것들. 지금은 당당하게 그 사람들이 틀렸다고 말해 주고 싶다. 빛을 일찍 발휘하지 못했을 뿐 나에게도 재능이 있었다. 빛을 보기도 전에 그만두었을 뿐이었다. 내 재능은 잘 못 평가되었다. 나는 나를 넘어섰고 할 수 있다는 걸 증명했다.

그리고 두 번째 '노력으로 재능을 넘어설 수 있는가?'라는 질문 역시 답은 나왔다. 당연히 '가능하다.'였다. 내가 생각해도 나에게 맞지 않는 일이 있었다. 처음부터 잘 해서 실패를 경험하지 않은 사람도 있겠지만, 난 아니었다. 언제나 새로운 것에 도전할 때마다 깨지고 부서지고 밟히고를 반복했다. 그 실패는 경험으로 남았고 그 경험은 나의 재산이 되었다. 실패를 반복하면서 고쳐나갔고 남들보다 더 많은 실패는 또 다른 장점으로 남았다. 거기에 더해 노력하고 즐기다 보니 어느 순간 잘하게 되었다. 아무리 잘 해도 한 번씩 실수는 하는 법. 그 실수에서도 당황하지 않고 경험을 통해 일을 해결할 수 있었다. 정말 굳은 의지만 있다면 나의 한계를 극복하는 방법은 어떻게든 보였다. 실패조차 성공을 위한 밑거름으로 사용할 수 있다. 주변에 흔히 말하는 게으른 천재의 유형도 많이 봤다. 자기가 조금 잘 한다고 해서 거들먹거리고 노력하지 않았다. 노력을 하지 않아도 노력하는 나보다 잘 했기 때문에 나를 무시하는 태도도 많이 보였다. 처음에는 그 모습이 부러웠다. 아무리 노력해도 저 재능은 넘어설 수 없을 것 같았다. 하지만 나는 계속 즐기며 노력했다. 같은 길을 계속 가 봤을 때 결과는 반대였다. 결국, 재능도 노력하지 않으면 안 되는 것이었다. 재능이 있는 사람도 노력하지 않으면 도태되는 것을 보니 노력으로 재능을 넘는 건 가능하다.

지금에서야 남들이 하는 말에 자유롭지만, 아직도 재능을 운운하는 사람들이 많이 보인다. '어떤 일이든 재능이 있어야 한다.' 어느 정도 공감하는 말이다. 저 말 자체에는 공감하지만 저 말을 해주는 사람들에 대해 의문이 들었다. 평생 같이 산 가족들조차 내 재능에 대해 잘 모른다. 길어봐야 몇 년 본 사람들이 어떻게 나를 판단해서 저런 말을 하는지 이해가 가지 않았다. 당장 자신에 대해 가장 잘 아는 본인조차 재능에 대해 모르지 않는가? 대기만성형이라는 말이 있듯이 처음에 재능이 티가 안 나는 사람이 있을 것이다. 그 재능이 빛을 발하는 데 몇 달이 걸릴지, 몇 년이 걸릴지 알 수 없다. 그런 사람의 재능을 함부로 판단해 펴지도 못한 날개를 꺾어버린다는 건 범죄에 가까운 행위라고 생각한다. 재능 어쩌고 하는 말을 듣는 사람들도 한 귀로 듣고 한 귀로 흘렸으면 좋겠다. 그 사람이 그 분야 전문가여도 가능성은 자신에게 있지 남에게 있는 게 아니라는 걸 알았으면 좋겠다. 다른 사람의 조언을 듣는 것도 좋지만 자신의 의지가 없다면 그저 듣기 좋은 소리 혹은 잔소리로밖에 남지 않는다. 나를 뛰어넘는 의지가 있다면 결국, 가장 강한 적이라는 자신을 이겨낼 수 있다.

극복의 방법은 한가지다

내 콤플렉스를 인정하고 마주 보고 극복하려고 마음먹는 데까지는 약 6년의 세월이 걸렸다. 처음에는 시간이 지나면 괜찮아질 거라는 마음이 있었다. 이 마음 때문에 콤플렉스를 건드는 상황을 피하거나 도망치기 일쑤였다. 체육 시간에 '진짜 운동신경 없다.'라는 말을 들은 후부터 어떻게 하면 수업을 빠질 수 있을까를 고민했다. 손에 붕대를 감아서 가기도 하고 아픈 척 양호실에도 가보았다. 발표 또한 중, 고등학교 때는 나서서 할 필요가 없었다. 그 상황을 피하거나 숨을 수 있었다. 그 잠깐의 편함을 위해 근본적인 문제를 해결하지 않았다. 내가 바뀌지 않으면 결국, 피할 수 없는 상황에 직면하게 되어있었다. 중학교 때의 괴롭힘과 대학교 때의 첫 프레젠테이션이 그러했다. 많은 사람이 군이 힘들게 극복해야 하냐, 그냥 피하면 되지 않냐. 라고 한다면 딱 잘라 말해줄 수 있다. 피한다는 건 결국, 언 발에 오줌 누기밖에 안 된다. 피하려고 하면 할 수록 자신감은 떨어진다. 떨어진 자신감에 비례해서 콤플렉스도 깊어진다. 피하려는 마음으로 살다가 피하지 못 하는 상황을 만난다면 당황하는 건 당연하다. 당황해서 잘 못 하면 트라우마만 더 쌓이는 꼴밖에 되지 않는다.

콤플렉스는 빨리 극복하지 않으면 깊어지는 것도 문제지만 다른 데로 퍼진다는 점도 문제이다. 어릴 때 나는 남들 앞에서 말도 잘 하고 나서는 것에 두려움이 없었다. 외모 콤플렉스가 왔고 이어서 대인 기피증이 왔다. 그걸 내버려두고 6년이라는 기간 동안 극복하려고 노력하지 않았다. 마음을 독하게 먹고 대인 기피증을 극복하려고 노력했다. 막상 극복해 보니 다른 문제점도 생겨있었다. 바로 발표불안이었다. 남들 앞에 설 수만 있다면 말은 당연히 잘 할 수 있을 거라 생각했다. 그 생각은 정확히 빗나갔고 대인 기피증을 극복하는 것과는 별개로 또 극복해야 했다. 콤플렉스가 콤플렉스를 낳은 셈이다. 발표 불안뿐만 아니라 운동 또한 마찬가지였다. 어릴 때부터 몸이 약했었다. 시간이 지나면 자연스럽게 건강해지겠지, 튼튼해지겠지 라며 몸을 내버려 뒀다. 그 몸은 중학교까지 변함이 없었고 일진들에게 괴롭힘을 당하는 거로 이어졌다. 극복이 늦어지니 다른 문제들이 늘어났다. 피하려면 할수록, 시간이 해결해주겠지 라는 마음을 먹을수록 콤플렉스는 깊고 넓게 퍼져갔다.

시작이 반이라는 말이 가지는 의미처럼 저 모든 걸 인정하는 것부터가 시작의 큰 산이었다. 고정관념을 무너뜨려야 했고, 알고 있던 방법을 송두리째 부정해야 했다. 나도 첫 프레젠테이션에서 구토하지 않았다면 저걸 인정하지 않았을지도 모른다. 피하는 게 답이고 시간이 해결해 줄 수 있다고 믿었었기 때문이다. 방법이 틀렸다는 걸 인정하고 나서 다른 방법을 찾았다. 우선 거울 속의 나보고 실컷 욕을 했다. 욕에 내성이 생긴 건지, 속에 있던 화를 다 토해내서인지 마음이 편해졌다. 스스로 상처를 줬지만 결국, 내성은 생겼다. 그다음은 핑계를 대보았다. 내가 그럴 수밖에 없었던 시절에 대해 합리화를 했다. 나에게 상처를 준만큼 나를 사랑하는 작업을 했다. 내가 잘못한 게 아니라고, 주변 환경 탓이었다고 주문을 걸었다. 자신감이 조금 생기기 시작했다. 그다음은 그 상황에 계속 노출했다. 한 번씩 마주치는 상황으로는 콤플렉스를 극복할 수는 없었다. 조금 익숙할 만하면 상황이 끝나고, 다음 상황에 마주하게 되는 데까지의 기간이 길기 때문이었다. 실전만큼 좋은 연습은 없다는 마음으로 내던졌다. 당연히 순탄하진 않았다. 깨지고 부서지는 과정에서 스트레스도 어마어마했다. 스트레스성 기절까지 했으니 말 다 한 것 같다. 사람들의 이목을 집중시킬 수 있는 일을 했고 관심을 받으며 눈빛에 익숙해졌다. 결국, 그 상황에 익숙해지니 대인기피증도 자연스럽게 사라지기 시작했다. 그다음은 역시 발표불안이었다. 발표불안 역시 많은 사람 앞에서 이야기를 자꾸 해보는 방법이 가장 좋을 것 같아 그 상황에 계속 노출되었다. 사회도 해보고 조별 과제에서 발표는 내가 자진해서 하겠다고 했다. 조금 더 남들 앞에 서는 걸 두려워하지 않기 위해 다른 무기도 준비했다. 바로 마술이었다. 마술을 하면서 남들 앞에 다가가는 게 편해졌고 오히려 사람들이 내게 다가오기도 했다. 성격이 바뀌고 자신감이 생기다 보니 외모에 대한 걱정도 사라졌다. 대인기피증과 발표 불안을 극복하는 과정에서 자연스럽게 외모 콤플렉스도 극복되었다. 물론 중학교 이후로 지금까지 내가 잘 생겼다는 생각을 해 본 적은 단 한 번도 없다. 그냥 있는 그대로의 나를 받아들이길 시작했을 뿐이었다. 이같이 많은 상황에 노출되고 경험을 하게 되니 나를 옥죄고 있던 3가지의 상처가 자연스럽게 해결되었다.

사람이 무서워서 피하는 문제는 여러 사람을 만나면서 극복이 되었다. 말도 많이 하다 보니 잘 할 수 있게 되었다. 운동의 문제는 조금 달랐다. 외모 콤플렉스는 6년의 문제였지만 운동은 평생의 아킬레스건이었다. 평생 잘 한다는 소리를 못 들어 본데다가 일단 체육이란 게 무서웠다. 특히 구기 종목을 제일 싫어했다. 축구를 한다고 하면 내가 공을 차면 어디로 날아갈지 몰랐다. 그 때문에 얻게 된 우스운 별명도 있다. 일명 세모 발이었다. 발이 세모 모양이 아니고서야 공이 저렇게 안 날아 간다고 붙은 별명이었다. 초등학교 때는 친구들이 고만고만해서 잘 어울렸다. 학교 점심시간만 되면 친구들과 공을 차느라 정신이 없었다. 중학교 때부터는 차이가 생기기 시작했다. 친구들의 실력은 느는데 나는 늘지 않았다. 자연스럽게 공과의 거리는 멀어졌고 그 멀어진 거리만큼 운동 신경은 없다고 느껴지게 되었다. 오늘날 우리가 생각하는 운동 신경이라 하면 대부분 축구, 농구, 족구 등 구기 종목의 실력으로 평가한다. 내게는 그 모든 종목이 쥐약과도 같았다. 피할 수 있다면 피하고 싶었다. 어쩔 수 없이 하게 될 때에도 소극적으로 임하게 되었다. 이처럼 평생의 아킬레스로 남았다. 덕분에 난 정말 모든 운동에는 재능이 없는 사람이라는 인식을 스스로 가지게 되었다. 이 운동이라는 것도 정면으로 돌파하고 싶었지만 쉽지 않았다. 20살 때부터 극복하려고 마음먹었었다. 학원이라 할 곳도 없었고 거친 스포츠이다 보니 조금만 못해도 욕이 날아왔다. 덕분에 점점 소극적으로 임하게 되었다. 이걸 어떻게 극복해야 하나 고민했다. 생각을 조금 바꾸기로 했다. 꼭 사회의 통념에 맞는 운동 신경을 기를 필요가 없다고 생각하기로 했다. 나의 근원적인 바람이었던 건강한 신체, 강인한 신체는 꼭 그 운동을 통해서만 이룰 수 있는 건 아니었다. 내가 조금 더 흥미가 있는 '운동'을 해보기로 했다. 그때 선택하게 된 것이 권투였다. 권투로는 많은 변화를 이루진 못했지만, 할 수 있다는 자신감은 생겼다. 다음으로 선택한 것이 종합 격투기였다. 나쁘지 않았다. 흥미가 있던 운동이었기에 열심히 했고 대회를 나가거나 어떤 대단한 일을 이루지는 못했지만 결코 헛되지 않았다. 나에게도 운동 신경이 있구나, 운동으로도 뭔가를 할 수 있구나. 라는 걸 알게 되었다. 그 밖에 크로스핏이라는 운동을 하면서 대회도 나가 보는 등 많은 경험을 하게 되었다. 아직 축구나 족구, 농구 등 구기 종목에 대한 두려움이 있다. 이런 종목에서는 운동 신경이 없다고 할 수 있다. 하지만 지금의 나는 중학교 때의 친구들이 몰라 볼 정도로 몸의 변화가 생겼다. 이제는 운동이 취미라고 할 정도로 즐길 수 있게 된 것이다. 운동 역시 내가 흥미가 있는 것부터 찾아서 하다 보니 극복할 수 없는 게 아니었다.

이처럼 자신의 상처를 치유하고자 실천한 경험에 대해서 말을 했다. 방식의 차이였지 솔직히 말해 방법은 하나다. 'JUST DO IT!' 그냥 해 보라는 것이다. 학교 선생님, 은사님, 부모님, 친구, 혹은 세계 최고의 코치가 와서 옆에서 조언해도 결국, 자기가 실천하지 않으면 소용이 없다. 자기가 마음을 먹지 않으면 어떤 말을 해도 귀에 들어오지 않는다. 자기가 바뀌려고 하지 않으면 그 누가 도와줘도 상황은 바뀌지 않는다. 결국, 바뀌는 건 자신이어야 한다. 물론 두렵고 힘든 싸움이라는 건 불 보듯 뻔하다. 그렇다고 그 싸움을 피한다는 건 그저 두려움만 더 커지게 하는 것이라는 걸 알아야 한다. 외로운 싸움이 될 것이라고 하는 사람들이 있는데 꼭 그렇지는 않다. 내가 경험했던 도전들의 공통점이 있다. 과거에 나를 괴롭혔던 사람들 보다 지금의 나를 도와주고 응원해주는 사람들이 많다는 게 공통점이다. 처음 문을 열고 들어갔을 때 '너는 안 돼! 재능이 없어!'라고 하는 곳보다 '처음이니까 괜찮아, 점점 늘 거야.'라고 한 곳이 훨씬 많다는 걸 알게 되었다. 내가 먼저 손을 내밀었을 때 그 손을 내쳤던 사람은 없었다. 손을 숨기지 말고 먼저 내민다면 단 하나의 방법이라고 했던 막막하기만 한 것도 생각보다 금방 해결할 수 있을 것이다. 혼자라 두렵다고 생각하지 말고, 극복하지 못할 거로 생각하지 말고 일단 눈 딱 감고 '그냥 해봐라!'

세상을 대하는 태도

누구에게나 고난의 시기는 있다. 언제 어떤 모습으로 찾아오더라도 이상하지 않을 정도로 고난이라는 놈은 우리의 삶에 밀접해 있다. 그 어린 유치원생들을 보면서 '저 때도 나름의 고민이 있었지.'라고 말할 수 있는 걸 보면 고난은 나이를 막론하고 찾아오는 것 같다. 개인마다, 시기마다 힘듦의 농도는 다 다르다. 어릴 때부터 몸이 약했기에 평균보단 조금 낮게 인생을 시작하였다. 몸도 왜소하고 건강도 좋지 않으니 부모님 속도 많이 썩였었다. 작은 몸집이니 가끔 걸리는 시비도 있었다. 그것까진 견딜만했다. 평균보다 조금 낮았을 뿐 남들과 어울리는 데는 크게 문제가 없었다. 당당한 성격이 버텨주고 있었기 때문이다. 본격적인 고난은 초등학교 6학년 말부터 시작이었다. 갑자기 살이 많이 찌기 시작했다. 몸이 약해서 어렸을 때부터 꾸준히 보약을 먹었다. 그 보약이 도가 지나치게 효과를 발휘한 것이다. 처음엔 변하는 몸을 딱히 신경을 쓰

172

지는 않았다. 당시 좋아하던 여자애한테 '못생겼다.'라는 말을 직접 듣고, 환멸에 가까운 눈빛을 보았다. 신경 쓰이기 시작했다. 그 일을 기점으로 점점 자존감이 낮아졌다. 한 번 낮아지기 시작한 자존감은 걷잡을 수 없었다. 내 외모에 대한 안 좋은 말을 들으니 사람 만나는 것에 대한 자신감도 사라졌다. 어느 날 쉬는 시간에 혼자 있는 나를 발견하게 되었다. 다른 친구들은 저마다 하나씩 그룹이 있었다. 그 그룹들은 쉬는 시간에 모여서 웃으며 이야기하고 놀았다. 난 그 어떤 그룹에도 속해있지 못했다. 당시 뉴스에 '은따'라는 말에 대해 보도한 적이 있다. 밥을 먹거나 어떤 일을 할 때 같이 하지만 그 와중에 은근히 따돌림을 당한다는 뜻이었다. 내 모습이 그랬다. 밥을 먹을 때나 조원들이 힘을 합쳐서 해야 하는 일은 같이했다. 딱 거기까지였다. 쉬는 시간과 방과 후에는 혼자였다. 내 외모 때문에 사람들이 피하는 기분도 들었다. 초등학교 졸업 후 살은 계속 쪘고 거기에 여드름까지 나기 시작했다. 자존감의 바닥이 보이기 시작했다. 상황까지 안 따라줬다. 중학교 입학 직후 친한 사람이 거의 없었다. 중학교 1학년 반을 가보니 각자 초등학교 때부터 친했던 친구들이 한 명씩 있었다. 그 때문에 중학교 역시 각자의 그룹이 시작 때부터 만들어져있었다. 난 역시 어떠한 그룹에도 속하지 못했다. 훗날 지금까지 친한 친구들 4명과 그룹이 형성되었지만, 그 전까진 혼자였다. 쉬는 시간과 점심시간은 외로움을 느끼게 해주는 시간이었다. 오죽하면 쉬는 시간보다 수업시간이 편하게 느껴질 정도였다. 주변에 친구도 없고 거울 속의 나는 여드름 범벅에 뚱뚱했다. 이런 내가 싫었다. 자신의 자존감이 바닥이었단 걸 알게 된 일이 있었다. 학교가 끝나고 집으로 갈 때였다. 등 뒤 멀리서 누군가가 내 이름을 불렀다. 목소리를 들어보니 초등학교 때의 친구였다. 초등학교 졸업 이후 학교가 달라져서 만나기 어려웠던 친구였다. 당시 초등학생들은 대부분 휴대폰이 없던 때였다. 그 때문에 서로의 연락처도 몰랐고 그 날 못 만났다면 앞으로도 만나기 힘든 그런 친구였다. 그런 친구가 나를 발견하고 불렀다. 난 그 부름을 무시했다. 반가움보다 무서움이 더 컸다. 이 친구가 나를 보고 뭐라고 할지, 외모에 대해 어떻게 말하고 생각할지 무서웠다. 등 뒤에서 끝없이 들리는 내 이름을 뒤로하고 빠른 걸음으로 그 자리를 벗어났다. 친구에게마저 등을 돌릴 정도로 자신감과 자존감은 바닥이었다. 자신을 미워하고 증오하는 것만으로도 힘들었다. 세상은 내가 어디까지 버티는지를 실험하려는 듯이 다른 시련을 줬다. 그 시련은 괴롭힘이라는 모습으로 찾아왔다. 힘 있는 친구가 힘 약한 친구를 괴롭히는 걸 자주 봤었다. 그땐 그저 방관자였다. 당사자가 아님에 감사하기도 했다. 솔직히 관심이 없었다는 게 맞는 표현인 것 같다. 그런 생각에 대한 벌이었을까? 방관자에서 당사자로 바뀌었다. 오래 산 건 아니었지만 중학교에 진학해서 처음으로 따귀를 맞았다. 인생 살면서 처음으로 맞은 따귀의 소감은……. 아픈 것도 아니고 슬픈 것도 아니었다. 그냥 어안이 벙벙했다. 내가 왜 맞아야 하는지 이해가 되지 않았다. 지나가다가 부딪혔다는 이유로 따귀를 맞았다. 앞에 있었다는 이유로 뒤통수를 맞았다. 곱슬머리인 내가 고개를 숙였는데 신기하다는 이유로 머리에 불을 붙이기도 했다. 지속적이진 않았지만 언제 어떻게 당할지 모르니 무서웠다. 당하면서도 약자인 내가 할 수 있는 건 실없이 웃으면서 '괜찮아.'라고 말하는 것밖에 없었다. 직접 경험하기 전에는 당하는 친구들이 한심해 보였다. 왜 당하고만 있는지, 선생님이나 경찰에 왜 신고를 하지 않는지 궁금했다. 직접 겪어보고 나서야 그 이유를 알게 되었다. 무서움 때문이었다. '신고', '도움의 손길'은 당해보지 않은 사람들의 막연한 듣기 좋은 소리였다. 막상 당해보니 그럴 엄두도 나지 않았다. 괜히 신고했다가 더 찍혀서 괴롭힘을 당하는 건 아닌가부터 생각하게 되었다. 괴롭힘 덕분에 세상 밖으로 나가고 싶어 하던 조금의 마음마저 사라지게 되었다. 고등학교 진학 후 접하게 된 아버지의 위암 소식은 충격을 넘어 선 감정으로 다가왔다. 고난이라는 게 가족들에게까지 퍼진 기분이었다. 정말 이쯤 되니 하늘이, 세상이 미웠다. 내게 왜 이런 시련을 계속 주는지, 이 고난은 언제 끝나고 웃을 수 있을지 궁금했다. 세상은 나에게만 돌을 던지는 것 같았고 제일 불행하다고 여겼다. 이것이 내가 세상을 대하는 태도였다.

이런 태도 면에서 MC라는 아르바이트를 접하게 된 것은 여러 의미에서 행운이었다. 세상을 대하는 태도를 바꾼 마술 같은 말 한마디를 들은 것이다.

"마이크를 잡는 순간은 네가 왕이다."

이 말 한마디가 가슴에 와 닿았다. 언제나 나를 낮추라고만 들어왔다. 언제나 약자의 위치에만 있었었다. 그런 내게 이번엔 왕이 되어보라고 했다. 처음으로 그런 말을 들었기에 어떻게 해야 할지 감을 잡지 못했다. 사람들의 눈치를 보지 말고 내가 하고 싶은 말을 다 해야 한다는 말인데 그게 힘들었다. 나는 겁쟁이었고 사람들의 눈치를 보는 것이 습관이 되었기 때문이다. 그래도 실천은 못 해도 그 말은 가슴에 새기기로 했다. 그 말을 가슴에 새긴 이후로 신기하게도 사람들 앞에서 말을 할 때 떨림이 사라지기 시작했다. 사람들은 내 말 한마디 한마디에 집중하고 환호했다. 마치 지휘자가 된 것 같았고 왕이 된 것 같은 느낌을 받았다. 그 느낌을 잊지 않으니 실력은 순풍을 탄 것처럼 끝없이 향상했다. 그 마음은 다른 일상에도 영향력을 끼쳤다. 지금까지 이런 행동을 해도 될까? 남들이 이상하게 보진 않을까? 라는 생각 때문에 하지 못했던 행동들을 해보았다. 예전에는 상상도 못 했던 혼자 전문가를 찾아가서 인터뷰를 해온다거나 여럿이긴 했지만 길에 많은 사람 앞에서 춤도 춰봤다. 그게 점점 발전해 혼자 부산 한복판에서 춤을 추는 것까지 할 수 있게 되었다. 이 모든 건 당당함 때문에 할 수 있었다. 남들 눈치를 보면서 당당하게 펴 보지 못했던 두 어깨를 펴면서 일구어낸 결과이다. 내 행동에 대해 스스로 당당함을 가지니 세상 모든 것을 대할 때도 당당함이 생겼다. MC로서 어느 정도 경력이 찼을 때 후배 MC들을 교육할 기회가 생겼다. 대부분 MC를 해보고자 하는 사람들은 긴장을 많이 하고 눈치를 많이 봐서 제 실력이 안 나온다는 게 제일 큰 문제였다. 그렇기에 그들에게 가르친 제일 첫 번째 말은 역시 '마이크를 잡는 순간은 네가 왕이다.'였다. 각자 그 말을 해석하는 방식은 조금씩 다르지만, 이 말을 듣고 사람들은 자신감을 가졌었다. 그들 역시 각자 스스로 당당하니 점점 보이는 모습도 달라졌다.

안 좋게만 세상을 대하니 나에게 돌아오는 것 역시 좋을 리가 없었다. 안 좋은 예감은 언제나 들어맞는다고 하지 않는가. 세상을 비관하면 결국, 나를 비관하는 것밖에 되지 않았다. 난 세상에 마법이라는 걸 믿지 않았었다. 하지만 꼭 이루어지는 마법의 말이 있다는 건 알게 되었다. '왜 나만 점점 힘들지? 왜 난 안 되지?'라는 말이었다. 성공률 100%의 주문인 것 같다. 간절히 원하면 이루어진다고 했다. 저 말을 끊임없이 돼 네이니 세상은 들어준 것뿐이다. 이 부정적인 말들이 성공률 100%라면 긍정적인 말도 100%가 가능하다는 소리이다. 아직도 무대에 설 때마다 긴장되고 무서울 때가 많다. 그럴 때마다 '나는 왕이다, 나는 할 수 있다.' 등의 말을 한다. 세상에 당당하게 나를 외치면 긴장이 풀리고 일도 잘 풀린다. 스스로 당당해지면 세상을 대하는 태도 역시 당당해질 수밖에 없다.

극복을 넘은 꿈

많은 사람이 그랬겠지만 나 역시 살면서 꿈이 몇 번 바뀌었었다. 어릴 적 내가 기억하는 첫 번째 꿈은 바로 과학자였다. 과학에 뛰어난 재능이 있거나 미친 듯이 좋아해서 그런 꿈을 선택한 게 아니었다. 그냥 티브이에 나오는, 역사책에 나오는 과학자들의 모습이 너무 멋있어서 그런 꿈을 꾸게 되었다. 실제로 초등학교 때까지는 과학에 흥미가 있기는 했다. 그 때문에 '내 길은 과학자의 길이 맞는구나.'라는 생각을 하게 되었다. 중학교에 진학하고 첫 번째 과학 수업시간에 깨닫게 되었다. '아! 이 길은 내 길이 아니구나!' 너무 어려웠다. 분야도 많고 각각의 난도도 높았다. 처음으로 한계라는 걸 느끼게 해 준 시간이었다. 한계를 극복하기 위해 학원도 다녀보고 과외도 해 보았다. 끝내 그 한계를 극복하지 못하고 내 첫 번째 꿈을 접게 되었다. 두 번째로 가지게 된 꿈은 뜬금없지만, 아이돌이 되고 싶다는 것이었다. 이 꿈을 가지게 된 계기 역시 부러움 때문이었다. 중학교 때 심각하게 겪고 있던 외모 콤플렉스. 그 때문에 앓게 된 대인 기피증으로 인해 자존감과 자신감은 바닥을 드러냈다. 그런 내 눈에 원더걸스라는 걸 그룹이 들어왔다. 마냥 예뻐서 눈에 들어온 게 아니었다. 멤버들의 나이 때문에 눈에 띄었다. 멤버 5명 중 3명의 나이가 나와 고작 1살 차이 나는 16살이었다. 나는 세상이 무서워서 무대는 고사하고 밖도 못 돌아다녔다. 그런 나에게 자랑이라도 하듯 그녀들은 당당하게 자신들의 꿈을 보여줬다. 사람들의 관심과 사랑, 심지어 수많은 욕까지 견뎌내는 걸 보니 멋있었다. 그녀들이 부러워서, 멋있어 보여서 아이돌이라는 꿈을 가지게 되었다. 아이돌이 되기 위해선 넘어야 할 산이 많았다. 나에겐 외모적인 문제도 있었고, 성격적인 문제도 있었다. 가장 중요한 가창력의 부재도 있었다. 이 밖에도 많은 문제로 인해 두 번째 꿈 역시 접게 되었다. 세 번째 꿈은 호텔리어가 되는 것이 꿈이었다. 원래는 호텔리어라는 단어 자체도 모른 채 살고 있었다. 대학교 진로를 고민하고 있던 고등학교 시절 일이었다. 수시 시즌만 되면 대학교 홍보 책자가 고등학교에 깔리기 시작했다. 고등학교 2학년 때 우연히 펼쳐 본 한 학교의 수시 모집 홍보 책자가 멋있게 느껴졌다. 그 학교는 호텔에 관련된 걸 가르치는 전문학교였다. 책자에는 호텔에 필요한 모든 분야에 대해 대략적인 설명을 해 놓았다. 그중 내 눈길을 끄는 대목이 있었다.

"호텔은 관광객이 여행을 왔을 때 가장 먼저 최상의 서비스를 받을 수 있는 곳으로. 관광사업의 얼굴이라 할 수 있고, 관광 사업의 수준을 알려주는 척도가 된다."

이 말을 보니 상당히 매력적이었다. 콤플렉스가 있었기에 멋있게 극복하고 싶은 마음 때문이었다. 직접 사람들 앞에 서서 서비스와 감동을 주는 모습이 멋있을 것 같았다. 무엇보다도 멋진 호텔에서 근무하는 모습을 상상하니 좋아

보였다. 그 날 이후 대학교 진학을 호텔 관련 학과로 가기 위해 준비하기 시작했다. 이유는 모르겠지만 그 과정이 순탄하지는 않았다. 가고 싶은 학과는 정했지만, 그에 맞는 학교를 찾기가 힘들었다. 그 과정에서 고민과 신세 한탄만하다가 시간을 보냈다. 끝내 원하는 학과에 지원한 대학교에서 모두 떨어졌다는 통보를 받았다. 성적에 맞춰 대학에 진학할 수밖에 없었다. 세 번째 꿈 역시허무하게 접게 되었다. 특별한 목표나 꿈 없이 입학한 학교에서 콤플렉스를 다시 직면하게 되었다. 외모에 대한 안 좋은 평가도 듣게 되면서 다시 한 번 휘청하게 되었다. 거기에 절정으로 프레젠테이션 때 긴장을 하면서 위경련으로 구토까지 하게 되었다. 변했다고 생각했는데 하나도 변하지 않은 모습에 실망과좌절을 느꼈다. 이렇게 살면 안 된다는 마음으로 도전하게 된 MC라는 아르바이트는 내 인생의 터닝 포인트가 되어 주었다. 사람이 무서워 많은 사람 앞에서는 것조차 힘들어했던 내가 달라졌다. 앞에 나서기도 쉬워지고 성격도 밝아졌다. 그 덕분에 안 보이던 것들이 보이기 시작했다. 바로 다른 사람들의 삶과꿈이었다. 이 전에는 성격 문제로 이런 이야기를 나눌 기회가 없었다. 먼저 물어볼 수 있는 성격이 되면서 이 주제로 대화를 할 수 있게 되었다. 특히 군대에있을 때 이 주제로 많은 이야기를 나누었다. 선임, 동기, 후임 각자의 삶의 이야기가 다 달랐고 꿈 또한 다 달랐다. 한 명 한 명의 이야기가 마치 책과 같았다. 오히려 책보다 현실감이 있었기에 훨씬 흥미진진했다. 그 이야기들을 들으며시간을 보내던 어느 날이었다. 간단하면서도 충격적인 질문을 받게 되었다.

"꿈이 뭡니까?"

잊고 있던 내 꿈에 대해 다시 생각하게 된 질문이었다. 그 순간 아무리 생각해도 그 질문에 대한 답을 할 수가 없었다. 내겐 남들처럼 명확한 꿈이 없었기때문이었다. 결국, 그 자리에서 답을 못하고 혼자 곰곰이 생각해보았다. 그러던 중 의문점이 생겼다. 다른 사람들에게 꿈이 뭐냐고 물으면 대부분 선생님, 정비사, 요리사 등의 직업이 나왔다. '꿈은 꼭 직업이어야 하나?' 라는 생각이 들었다. 물론 직업을 꿈으로 두고 있는 사람들을 무시하는 말이 아니다. 그냥 나는 하고 싶은 것이 많은데 꼭 한 가지만 선택하고 싶진 않았다. 즐기고 싶은 것을 다 즐기는 것도 꿈이 되지 않겠냐는 생각을 했다. 그다음 날 바로 꿈에 관해 결정을 내렸다. 이제부터 내 꿈은 특정 직업이 아니다. 도전하고 싶은 것에 다 도전해보고 죽는 게 꿈이다! 그 길로 곧장 버킷리스트를 작성했다. 사회자, 종합격투기, 주짓수, 유도 등 도전해 보고 싶던 것들을 적었다. 배우는 것 말고도 혼자 국내 여행 가보기, 혼자 해외여행 가보기도 있었다. 소박하게는 혼자 극장에 가서 영화 보기, 길거리에서 춤추기 등도 적었다. 군 전역 후 그것들을 하나씩 점검해 나가기 시작했다. 쉬운 일은 하나도 없었다. 특히 처음에는 내 콤플렉스와 직면해야 하는 일이었기에 힘겨웠다. 콤플렉스를 하나씩 극복해 나가고 도전 자체를 즐기기 시작했다. 남들이 하기 어려워하는 일들도 도전했다. 대부분 꽤 괜찮은 실력이라는 말을 들을 때쯤 많은 사람이 말을 했다.

"넌 정말 네가 하고 싶은 거 다 하면서 사는 것 같아 부럽다."

이 말에 나는 반문한다.

"그럼 너도 네가 하고 싶은 거 해!!"

이렇게 말하면 대부분의 사람은 핑계를 댄다. '돈이 없다.' '시간이 없다.' 등의 말을 한다. 조금 더 자세하게 물어보면 그중 대다수는 이렇게 말을 했다.

"그걸 잘 할 자신이 없어서 못 하겠다."

이 말 역시 많은 생각을 하게 해 준 말이었다. 지금까지 도전했던 것 중 잘 할 자신이 있어서 했던 것들은 단 하나도 없었다. 특히나 처음 했던 도전들은 콤플렉스에 정면으로 도전하는 것이라서 어렵다는 수준이 아니라 무서웠다. 눈 딱 감고 도전했고 서두르지 않으려고 했다. 간절하기도 했지만 잘 못 한다는 걸 인정했다. 느려도 우직하게, 천천히 즐기면서 시작했다. 처음으로 뭔가를 극복했을 때의 느낌을 간직하고 다른 것에도 도전했다. 힘들었지만 한 번 해냈다는 자신감과 그 감을 알기에 도전하는 데 초조함이 없었다. 처음 몇 가지는 콤플렉스를 극복하기 위한 것이었지만 이제는 그걸 넘어선 내 꿈을 위한 도전이 되었다.

극복을 넘어 선 꿈들을 이루면서 이 전에는 왜 꿈을 허무하게 접었는지에 대한 생각도 하게 되었다. 아마도 간절함의 부족이었을 것이다. 그저 외관만 부러워하고 막상 도전하려고 하면 겁을 먹고 도망갔다. 진지하게 도전할 자신이 없었다. 고등학교 때 대학교 지원을 할 때도 마찬가지였다. 그땐 가고 싶은 학과가 있는데 왜 안 풀리는지 이유를 알지 못했다. 돌이켜 생각해 보면 역시나 간절함은 없었다. 진정으로 그쪽에 꿈이 있었다면 방법은 있었다. 전문학교에 진학하는 방법이었다. 부모님의 기대치라는 명목으로 그쪽에 지원하지 못했다. 심지어 부모님을 설득할 용기조차 없었다. 혼자 북 치고, 장구 치고 하면서 꿈을 접은 셈이었다. 중학교 때 역시 마찬가지였다. 허무맹랑하지만 아이돌이라는 꿈을 가졌으면서 아무것도 하지 않으려고 했다. 춤이나 노래, 혹은 연기를 배우려고도 하지 않았다. 염치없게 그냥 되었으면 하는 바람이었다. 극복하면서 꿈에 대한 생각을 다시 하게 되었다. 꿈은 쉽게 이루어지는 것이 아니고 간절함이 있어야 이루어지는 것이었다. 간절히 바라지만 초조하지 않고 즐길 수 있을 때 꿈은 이루어지는 것 같다. 우선 눈앞에 있는 나 자신을 극복해 봐라. 극복은 끝이 아닌 새로운 시작이라는 말의 의미를 알게 될 것이다.

마치는 글

이 책을 쓰기 전까지 고민이 많았다. 남들에게 내 상처를 공개한다는 게 민망하기도 하고 한편으로는 두렵기도 했다. 자랑거리도 아니고 부모님께도 알리지 않은 그 일들을 세상 사람들에게 공개한다니 많은 생각이 들었다. 한 명이라도 내 경험이 도움이 된다면 보람 있는 일이 될 거라고 일단 한 번 써보라는 주변 사람들의 권유로 용기를 내서 이 책을 쓰게 되었다. 쓰는 과정에서 애써 잊고 살던 아팠던 기억들을 끄집어내려니 힘겨웠다. 초등학교 시절의 나만 기억하는 사람이라면 지금 이 성격을 낯설어하지 않을 것이다. 몸은 왜소하고 약했지만 그걸 무시할 수 있는 성격을 가지고 있었다. 학년마다 학급 임원을 놓친 적도 없었다. 학예회 때도 항상 첫인사나 사회는 나의 몫이었다. 각종 글짓기, 토론 대회 등에도 많이 참가하는 등 남들 앞에 나서는 것에 대한 두려움이 없었다. 초등학교 6학년 졸업 때쯤부터 찾아온 여드름과 살은 밝았던 생활을 한순간에 어둠으로 물들였다. 거울에 비친 내 모습이 싫었고 거울에 대고 욕을 했다. 그 과정에서 자존감은 떨어졌다. 내 입에서 나오던 욕이 다른 사람의 입에서 들리는 기분이 들었을 때부터 사람이 무서워지기 시작했다. 결국, 숨어 지내기를 자처했다. 주말에 친구들끼리 놀러 가는 걸 부러워하기만 했다. '같이 피시방 가자.' '같이 노래방 가자.' 라는 말이 입에서 나오질 않았다. 밖에 나가는 것 자체가 무서웠다. 자존감이 밑바닥을 찍었다고 느꼈을 때가 바로 친구를 외면했을 때였다. 등 뒤에서 내 이름을 부르는 친구를 외모에 대한 걱정 때문에 외면해야 했을 때 기분은 말로 할 수 없을 정도로 비참했다.

이 성격을 고치려고 노력을 안 했던 것도 아니었다. 옛날의 당당한 모습이 그리워 돌아가려고 시도했다. 그 시도는 번번이 실패로 돌아갔다. 지금 생각을 해보니 실패할 수밖에 없었다. 마음 한 편에 '이걸 꼭 극복해야 하나? 그냥 살아가면 안 되나?'라는 마음이 있었다. 그 때문에 치열하게 덤벼들지 않았다. 금방 지치고 조금만 상처 받아도 포기하기 일쑤였다. 치열하게 덤비지 않고 상황이 안 따라준다고 핑계만 대고 있었다. 중, 고등학교 때 치열하지 않았던 이유가 피할 수 있었기 때문이었다. 많은 사람 앞에 나설 일도 없었고 필요도 없었다. 성격을 고치고자 남들 앞에 나서 보았다. 당연히 적응되지 않았기에 긴장하고 실수의 연속이었다. 그때마다 도망치고 싶었고 숨고 싶었다. 용기 내어 다시 한 번 도전하려고 해도 그런 자리가 잘 없었다. 그 흔한 발표도 할 일이 없었기에 다른 생각도 들게 했다. '남들 앞에 설 일이 앞으로도 잘 없을 것 같은데 굳이 상처를 받아가면서까지 성격을 고쳐야 하나?'였다. 이런 생각이 있으니 기회가 와도 외면한 건 나였다. 절실함이 빠진 극복 방법은 안일한 마음만 가지게 되었다. 앞으로도 잘 피하면 되겠지라는 마음으로 진학한 대학교에서 일이 터졌다. 프레젠테이션이었다. 피할 수 없는 일이었기에 일단 준비를 했다. 처음으로 하는 프레젠테이션은 준비부터 순탄치 않았다. 준비 때부터 긴장의 연속이었기에 보다 완벽하게 준비할 필요성을 느꼈다. 자다가도 툭 치면 준비한 것을 외울 수 있을 정도로 준비를 했다. 발표 당일 긴장감은 노력을 비웃기라도 하듯 어김없이 찾아왔다. 머리가 새하얘졌다. 그 짧은 15분을 어떻게 보냈는지 도무지 기억이 나질 않는다. 긴장감은 결국, 위경련으로 이어졌고 발표가 끝난 후 화장실로 뛰어가서 토를 했다. 그 일이 있고 난 후부터 피할 수 없는 일이 앞으로도 계속 있을 것 같은 느낌이 들었다. 그때마다 패배감에 휩싸여서 살기는 싫었다. 이번에는 절박했다. 절박한 마음으로 찾아간 아르바이트에서 내 인생의 터닝 포인트를 맞이하게 되었다. 억지로라도 서게 된 무대에서 사람에 대한 두려움과 무대에 대한 공포감을 극복했다. 물론 쉽지는 않았다. 성격에 맞지 않는 일을 하다 보니 스트레스도 어마어마했다. 스트레스성 기절이 올 정도로 힘겨운 과정이었다. 힘겨웠지만 극복을 해냈고 그 기분은 곧 자신감으로 이어졌다. 하나씩 나를 넘어서는 작업을 시작했다. 평생의 꼬리표처럼 달고 다니던 '운동'에 도전을 했다. 몸이 약했기에 운동에 대한 열망과 그로 인한 트라우마는 항상 공존했다. 이걸 극복하기 위해 우선 즐길 수 있는 운동을 찾았다. 그 이후로는 순탄했다. 스스로가 즐길 수 있는 운동이니 열심히 할 수밖에 없었다. 노력하니 몸에도 변화가 오기 시작했다. 지금은 운동이 취미라고 당당히 말할 수 있을 정도로 즐길 수 있게 되었다.

콤플렉스를 극복하는 데 내가 선택한 방법은 정면 돌파였다. 심리 상담센터 같은 곳에 가서 상담을 받아보는 방법을 택할 수도 있었다. 그 방법을 선택하지 않았던 건 그곳에 가도 결국, 내가 변하지 않으면 아무것도 변하지 않을 것 같아서였다. 정면 돌파를 해서 실패를 하더라도 그건 곧 경험으로 남을 수 있었다. 그 실패를 반성하고 다시 도전하는 방법을 택했고 결국, 극복에 성공했다. 다소 무식한 방법으로 보일 수 있지만 가장 정확한 방법이라고 나는 확신한다.

콤플렉스는 언제나 불시에 찾아와 패배감만 안겨주고 갔다. 콤플렉스가 지나간 자리에는 상처뿐이었다. 콤플렉스를 극복하고 나서부터 가장 강한 상대인 나를 이겨낸 기분이 들었다. 그 기분은 곧 자신감으로 이어졌다. 이후에 어떤 일에 도전하든 잘 해낼 수 있으리라는 확신을 하게 되었다.